校閲記者も迷う日本語表現

毎日新聞校閲センター

毎日新聞出版

校閲記者も迷う日本語表現

はじめに

『校閲記者の目』第2弾をお届けします。2011年に始めたツイッター（2023年7月に運営会社が「X」に改称しましたが、本書ではツイッターとします）と翌年開設のサイト「毎日ことば」（現「毎日ことばｐｌｕｓ」）などで書いてきたことをまとめた『校閲記者の目』でしたが、それに続くものなどないと考えていました。しかし、その後サイトで始まった「ことばの質問」が校閲記者の日々の悩み、迷いをよく映し出したものになっており、これを一冊の本として構成できるのではないかと思い立ちました。

初めて見る言葉や言葉の使い方に、読者が違和感を抱かないだろうかと悩みます。そのうち広く使われて定着していく過程を日々の仕事の中で校閲記者たちは感じます。この過程を第1章と第2章に分けてみましたが、皆さんはどう感じるでしょうか。

第3章は「重言」。新聞は字数の制約があり、簡潔明快が求められるため重言に厳しいのですが、それでもどこまで直すか悩みます。数字の問題でもある「過半数を超える」、重言にも見えるがそれだけでない「注目を集める」もここに加えました。

第4章は表記の問題で、漢字か仮名か、外来語の表記は……などに迷っています。また、表記を意味で書き分けなければならないこともあり、最も校閲記者が頻繁に迷っていると言えるかもしれません。それを第5章に集めました。

第6章は新聞記事で誤ると致命傷になる数字について。迷う余地はないはずなので調べたり電卓をたたいたりして確認しています。とはいえ数字関係でも人によって受け取り方が異なるものもあり、やはり書き方に迷っています。

第7章は新型コロナウイルスの感染拡大による言葉です。当初は辞書編集者たちも「この言葉が定着することなく消えてほしい」と願うため、辞書に採用することをためらっていましたが、無視できなくなってしまいました。

書籍化に当たり、質問時の状況を映すため、掲載年月日を記載した上で原則として当時の記述を生かしました。ただし、国語辞典については改訂で記述が変わったものを「その後」として紹介しています。国語辞典の用例が見出し語を「―」としている箇所を引用する際は各語に置き換えました。

校閲記者たちが迷う言葉について、一緒に考えながら読んでくだされば幸いです。

校閲記者も迷う日本語表現

目次

第1章 この言葉、使っていますか？

第2章

新たな言葉が定着していく

第3章 どこまで直す?「馬から落馬」的な言葉

第4章 表記に迷う〜あなたならどう書きますか?

第5章 意味で書き分けてみましょう

第6章 どう数えますか？

第7章 コロナ下の言葉

column
コラム

column

第1章

この言葉、使っていますか?

1 「おかしい」と感じつつも使われる「いつぶり」

質問
やっと会えた！　会うのは「いつぶり」だろう――「　」の中、どうですか？

回答
おかしくないし、自分でも使う……28・8％
おかしくはないが、自分では使わない……8・5％
おかしいと感じるが、使うことはある……26・7％
おかしいと感じるし、自分では使わない……36・0％

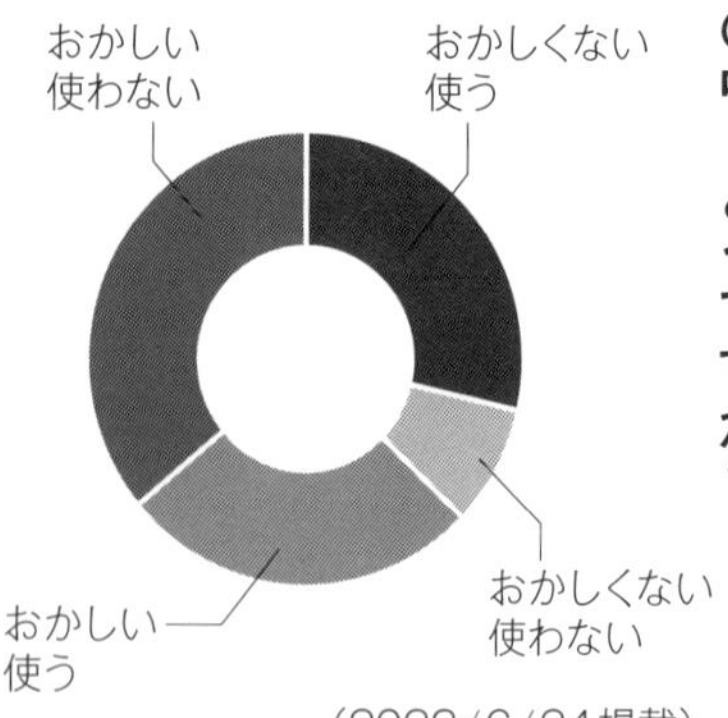

（2022/6/24掲載）

解説

「おかしい、使わない」とした人が最多だが…

「いつぶり」という言い方についておかしいと思うかどうかを伺うと同時に、自分で使うかどうかについても問いました。それぞれの回答を整理すると、このようになります。

・「いつぶり」はおかしい……62・7％
・おかしくない……37・3％

・「いつぶり」を使う……55・5％
・使わない……44・5％

おかしいかどうかという判断に関しては「おかしい」とした人が3分の2近くと多数を占める一方で、使うか否かという観点からは「使う」とした人が過半を占めるという興味深い結果になりました。おかしいと分かっていても使う人がいることによって広まっている用法と言えそうです。

「誤り」「俗用」と特記する辞書

明鏡国語辞典3版は接尾語「ぶり」の項目で、「注意」として次のように説明します。

「大学二年ぶりの再会」など、「ぶり」の前に〈物事の起点〉がくる言い方は誤り。「ぶり」の前には〈経過した時間〉がくる。また、「先生に会うのはいつぶり?」など、時を尋ねるのに「いつぶり」と言うのも誤り。正しくは「何年ぶり」「いつ以来」。

この説明のうち、「また」以下の「いつぶり」に関する部分は2版(2010年)にはなく、3版(2021年)で加えられました。取り立てて「誤り」と指摘すること自体が、「いつぶり」という言葉がよく使われるようになったことを物語るようです。

一方、三省堂国語辞典8版は「ぶり」の⑤で以下のように言います。

〈俗〉〈しばらくとぎれていたことについて〉…以来。「君と会ったのはいつぶりかな・去年ぶり」〈一九八〇年代から例がある用法〉

新しい用法を積極的に取り上げる三省堂国語辞典ですが、この説明は7版（2014年）にはなく、8版（2022年）で加えられたものです。「誤り」ではなく「俗用」としていますが、やはり実態として使用頻度が無視できないものになったのだと読み取るべきではないでしょうか。

規範的ではないが浸透進む

今回取り上げた「いつぶり」という用法は、実は校閲記者が仕事で使うチャットツールでも見かけたことがあります。誤りと言われる用法であることを承知した上でも、なんとなく使いやすく、十分伝わる言い方だと考えられているのでしょう。アンケートで、おかしいと感じつつも使うことがあると答えた人の割合から見ても、少なからぬ人がそのように考えているとみられます。校閲の現場で「いつぶり」のような、「ぶり」に「以来」の意味を持たせる用法が許容されることは当分ないだろうとは思います。しかし、辞書の取り上げ方を見ても、近年勢いを得ている用法であることは確かなようです。今後どうなるかが気になる言葉です。

↓240ページに関連記事あり（「好ましくないことが『○日ぶり』…違和感ある？」）

「前日に控え」

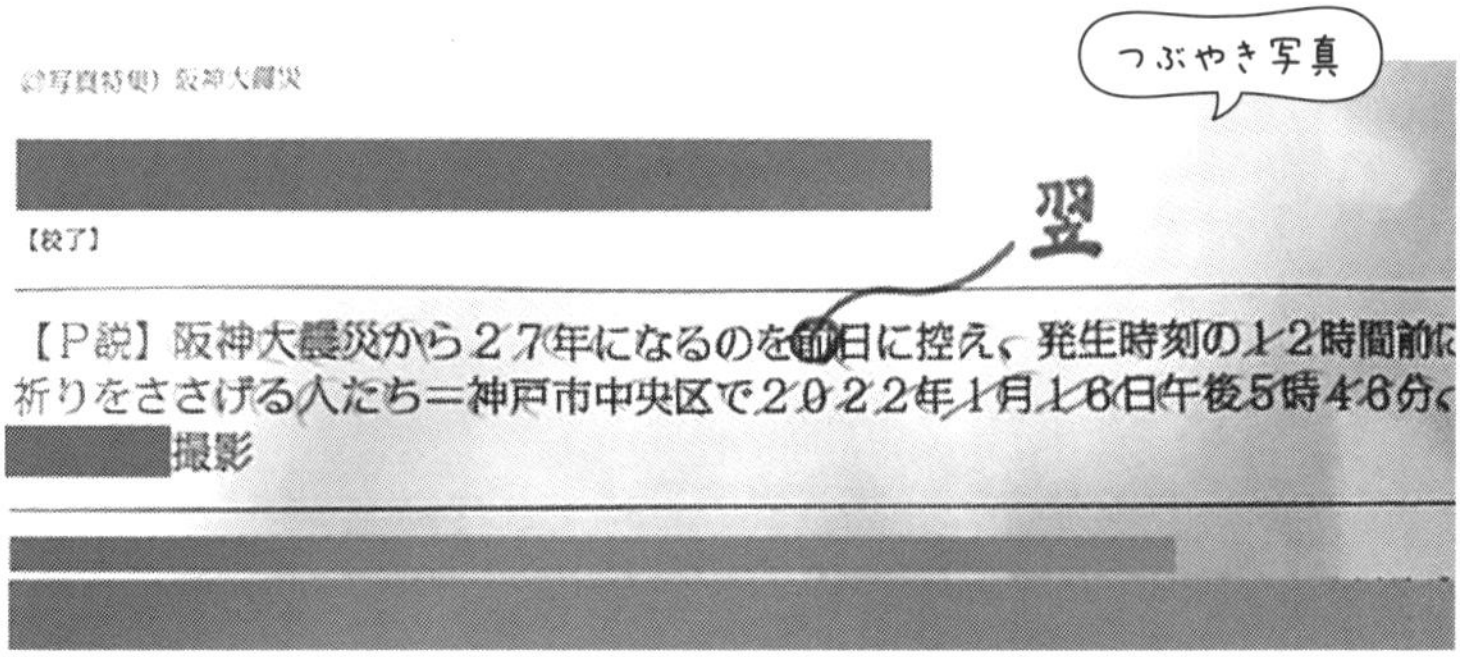
(写真特集) 阪神大震災

[redacted]

【校了】

【P説】阪神大震災から27年になるのを前日に控え、発生時刻の12時間前に祈りをささげる人たち＝神戸市中央区で2022年1月16日午後5時46分、[redacted]撮影

[redacted]

一見正しそう?・な文章ですが、阪神大震災から27年になる2022年1月17日はこの時点から見れば「翌日」ですから「前日に控え」は「翌日に控え」が適切です。「控える」は「距離的・時間的にすぐ近くにある」（明鏡国語辞典3版）ことで、普通はこれから起こることに使われます。

2021年に毎日新聞校閲センターの運営するサイト「毎日ことば」（後に「毎日ことばplus」）で取ったアンケートでも「『直前に控える』という言い回しは違和感が強い」という結果が出ています。「どこに視点があるか」を考えると、違和感に気付けそうです。

2 「並々ならない」はおすすめできず

質問

「一通りでない覚悟」のこと――どう言いますか？

回答

並々ならない覚悟……4・5％
並々ならぬ覚悟……84・8％
いずれも言う……10・7％

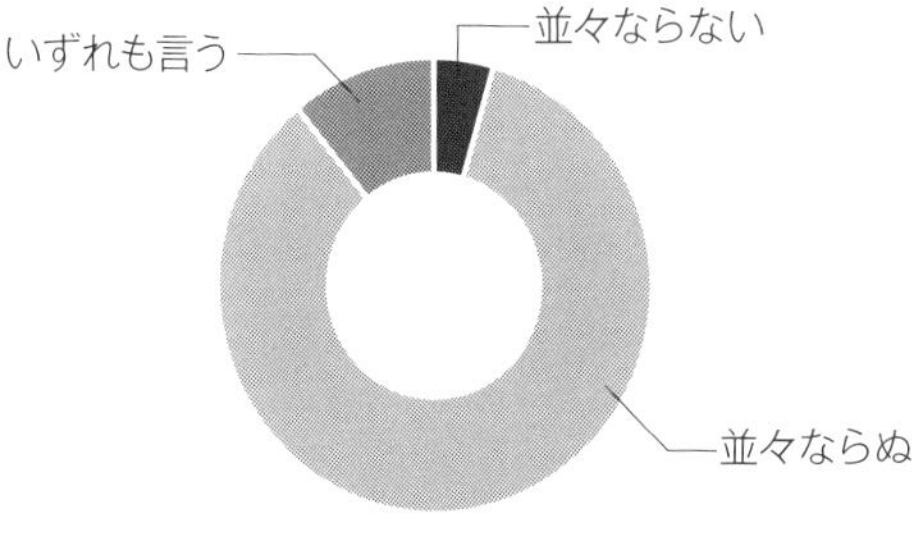

（2022/3/29掲載）

解説

「並々ならぬ」が8割超す

「並々ならない」という言い方になじみがあるかどうかを伺う質問でしたが、「並々ならぬ」のみを使う人が8割を超え、一般的に浸透した言い方はこちらであることがはっきりしました。文語の否定の助動詞「ず」(「ぬ」はその活用形)は口語では「ない」となりますが、「並々ならない」はやはりなじめない形のようです。

「並々ならぬ」で連体詞とも

国語辞典の多くは「並々」(多くは「並並」と表記)の項目を設けて「なみひととおりであること。また、そのさま。多く、打消しの語を伴って用いる」(大辞泉2版)のように説明し、用例で「並々ならぬ苦労」などと、「並々ならぬ」という形が用いられることを示しています。

一方、この形で項目を立てている辞書もあり、明鏡国語辞典3版は連体詞として「並々ならぬ」を載せています。連体詞は体言(名詞)を修飾する、活用しない(動詞などのように形が変わることのない)言葉で、「この」「その」などの指示語も連体詞です。三省堂現代新国語辞典6版も「並々ならぬ」で項目を立てており、「並々ならない」となる余地はなさそうです。

生き延びる文語の形

「〜ならぬ」という言い方は文語のものですが、こうした用法は今でも口語に交じって使われます。明鏡国語辞典にはほかにも連体詞として「時ならぬ」「道ならぬ」「ひとかたならぬ」といった語が採録されています。「ほかならない」と言うことはできますが、名詞にかぶせる場合には「ほかならぬ」が定型だと考えられているようです。

また、小学館全文全訳古語辞典で「並々」は、名詞と同時に「形容動詞ナリ活用」として記載されています。つまり「並々ならぬ」は形容動詞「並々なり」の未然形「並々なら」に、文語の助動詞「ず」の連体形「ぬ」を合わせたものです。このうち助動詞だけを口語にして「並々ならない」とするのはやはりおかしく感じられます。「油断（が）ならない」のような、動詞「なる」の未然形「なら」＋助動詞「ない」の形に引っ張られたものかもしれません。

口語の場合、形容動詞を否定の形にすると「並々でない」となります。今回のアンケートの結果から見ても、「並々ならぬ」か「並々でない」のいずれかが違和感は少ないようです。

アイコンの性別

つぶやき写真

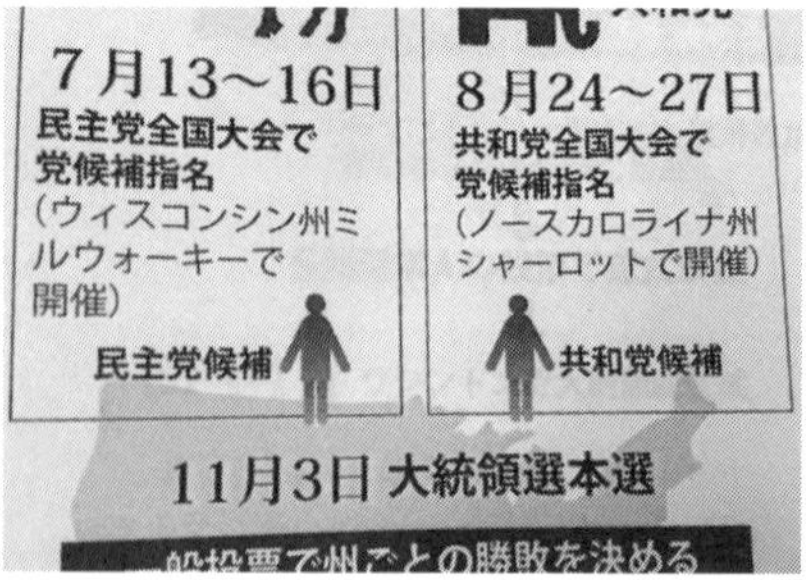

より性別を感じさせないものになりました

２０２０年米大統領選の日程についてまとめた図です。指摘したのは「党の候補を表す絵が男性に見えないか?」ということでした。共和党の候補になるのは当時の現職大統領とみられていましたが、党の全国大会まで正式には確定しませんし、民主党では女性の候補も指名を目指していました。

3 ネガティブには使いにくい「群を抜く」

質問

このチームは本塁打が「群を抜いて」少ない／多い――どちらに使いますか？

回答

両方に使う……12・7％
「少ない」に使う……4・9％
「多い」に使う……82・4％

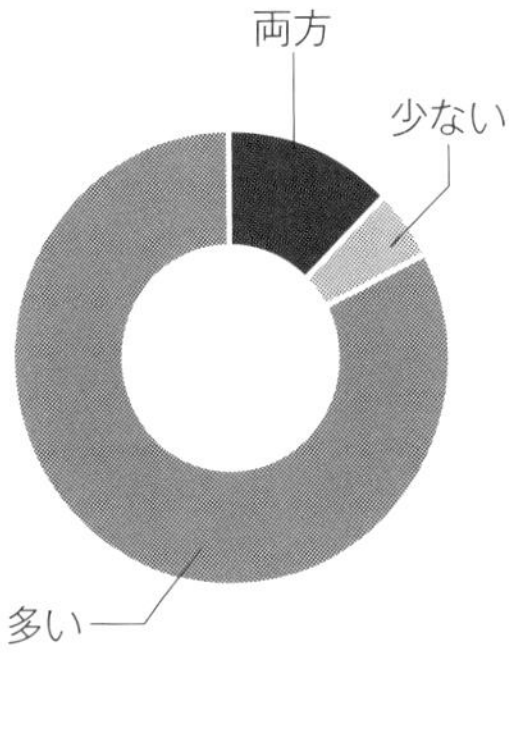

（2022／4／15掲載）

解説

8割超はポジティブな方向で使用

ほかとの差が大きいことを示す「群を抜く」についてどう使うかを聞いた結果は、例えば本塁打の数については「多い」に使う、つまりポジティブな方向にのみ使うという人が8割を超えました。ほかとの差が大きいとしても、ネガティブな方向に「群を抜く」を使う人は少ないようです。

「群を抜く」の言い換え語は？

数値が高いほうが望ましいとされる内容の記事で、「数値は群を抜いて低かった」――。群れから遅れぽつんと離れた子ヒツジを思い浮かべ、一瞬「ありでは？」との思いがよぎりましたが、いやいや、つまりはバツグン（抜群）のことなのだから前方に抜け出ていないと……と赤ペンを手に取りました。ただ「群を抜いて」を削除して「数値は低かった」にするだけだと「とても低いのだ」というニュアンスが失われてしまうので、なんとか言い換えを考えたいところ。飛び抜けて？　とびきり？　ずば抜けて？　いくつか思い浮かべてみましたが、いずれも「すぐれた」という意味に使われる言葉で、置き換えることができません。結局よい案が見つからず、このときは「群を抜いて」を取るだけで終わってしまいました。

余分なものをのける「抜」

アンケートの結果を見てみると、ポジティブな意味で使う人がほとんど。しかし「両方に使う」「『少ない』に使う」人も合わせて2割ほどおり、やはり群れからぽつんと離れた子ヒツジを思い浮かべる（?）人は一定程度いるようです。「群を抜いて」や「抜きんでる」に使われる「抜」は、「多くのものの中からそのものだけを引きぬく。そのものだけぬけ出る」（漢字源）との意味を持ちます。

なりたちをみると、右側の友にあたる「犮」は「犬」＋「ノ」（斜線）からなり、犬が後脚を斜めにはねたさまのことと言います。「手へん＋犮」で、余分なものを払いのけて、そのものだけをぬきおこすことを示しているそうです。あまたあるものの中から目的のものを選び取る……というところから、ほかを「抜く」ということは「力などが他よりすぐれている。基準よりも上である」（大辞泉2版）といった意味合いを持つようになると推測できます。

小さい数値がなじむ場合も

「この選手は失策が群を抜いて『少ない』」など、内容によっては数値が小さいものにも使えるのも、おもしろいところです。単に数値の大小を基準にするのではなく、大小どちらが「ポジティブ」な意味なのかをきちんと捉えた上で、「群を抜く」の使用がかなっているか判断する必要がありそうです。

4 「前倒す」と言いますか？

質問 予定を「前倒して」事業を進める――この言い方、気になりますか？

回答

「前倒して」で問題ない……7・5％

「前倒しして」を使う……83・2％

いずれも使う……9・3％

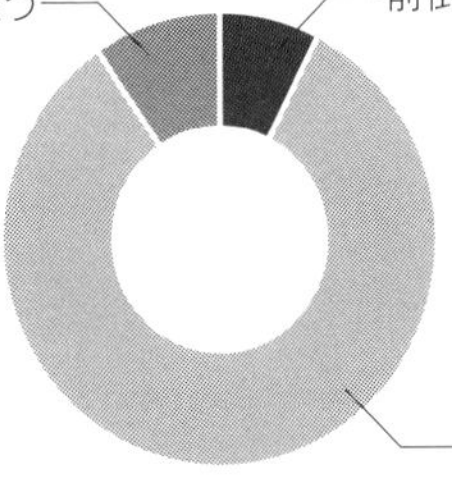

（2019/9/6掲載）

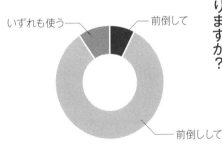

解説

大多数は「前倒しして」を選択

「前倒しして」でよいと考える人は「いずれも使う」を含めても6人に1人程度で、「前倒しして」という形にする人が8割を超えました。「前倒し」を動詞にする時には、「前倒す」ではなく「前倒しする」にすべきだと考える人が大勢を占めているということです。

「前倒し」は「70年代の官庁俗語」説が有力

問いについては毎日新聞校閲センターのツイッターへのコメントなどで「『前倒しにする』と言う」「そもそも『前倒し』を使わない」という意見もいただきました。選択肢の工夫が十分とは言えなかった点は今後に生かしたいと思います。今回は「前倒し」という言葉が十分に定着しているという前提で、動詞化するならどうするか、という観点から伺いました。岩波国語辞典7新版には「『繰り上げ』でも済むのに、一九七三年ごろに官庁俗語として現れたのが、広まった語」という説明がありました。1911~1970年の新聞記事を集めた神戸大学の新聞記事文庫で「前倒し」を検索してもヒットせず、毎日新聞の見出しで確認できたのも

1977年が最初。国会会議録検索システムでも1971年が初出（1954年の記事もヒットしますがこれは「前例」をデジタル化した際の誤字）でしたので、岩波国語辞典の説明は説得力があります。

また、ほかの辞書の説明・用例を見ても「特に、予算の執行や公共事業の実施を予定より早く行うこと。『公共事業を前倒しして景気の回復をはかる』」（現代国語例解辞典5版）、「（予算の執行や施策の実施などを）予定の時期を繰り上げて実行すること」（広辞苑7版）など、お役所で使われる言葉であることを示すようなものになっています。

「前倒しし」と書いて支障なし

しかし、こうした経緯があるとはいえ、「前倒し」は既によく使われる言葉になっています。毎日新聞の記事データベースを見ると、2009～2018年の10年間の使用件数（東京本社版、地域面除く）は2609件。同じように使える「繰り上げ（くりあげ、くり上げ含む）」は1172件と、「前倒し」に大きく水をあけられています。

アンケート結果からも「前倒す」が支持を得られていないことは明白でした。ツイッターに「しわ寄せる」のような語形について「サ変動詞『する』を使わずに名詞を動詞化する傾向が強まっているのかもしれない」と書いた記事がありましたが、少なくとも「前倒し」に関しては、「する」をはしょった形は一般的な支持を得られていないようです。過去記事を見ると「子育て安心プランを前倒し、人材確保や質向上に取り組むべきだ」のような文も見かけますが、これも「前倒しし」と直して理解が得られるものと考えます。

column

「照れ笑う」は〝強引な動詞化〟書き言葉では「照れ笑いする」に

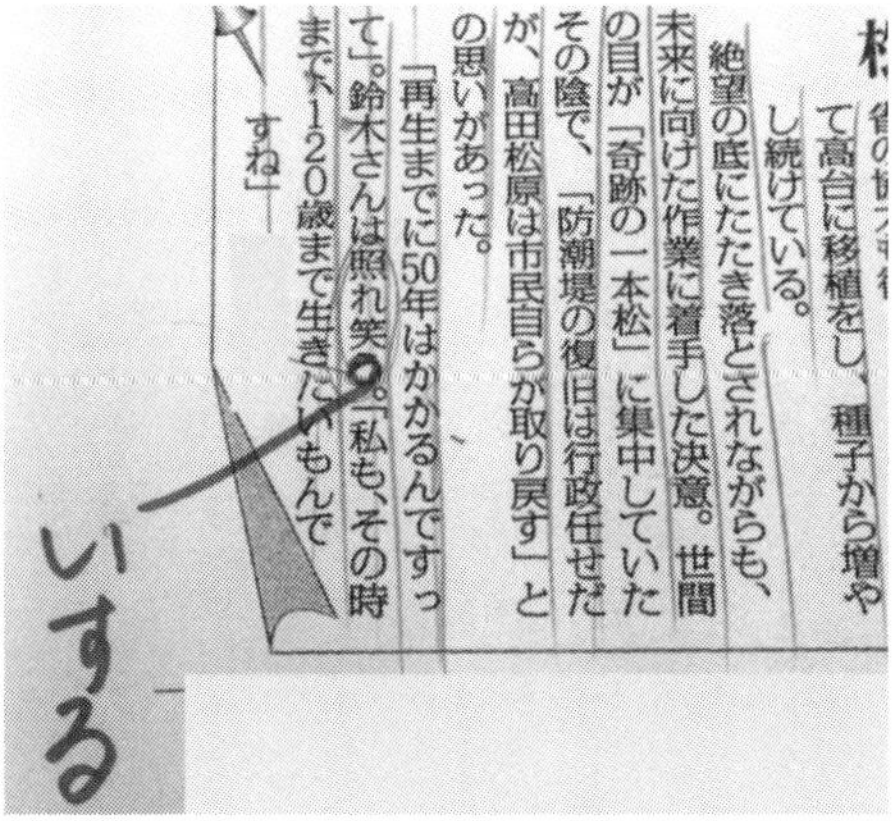

〝強引な動詞化〟の例としてよく見かけるのが「前倒す」ですが、ほかにも時々出合うものがあります。その一つが、「照れ笑う」です。「照れ笑い」は名詞で、「する」をつけると動詞になります。語尾の「笑い」を活用させて動詞化した「照れ笑う」は不自然で、書き言葉では避けたほうがよいように思います。

5 「固定概念」は使えるか

質問

何かについての凝り固まった考えのことを「固定概念」と言いますか？

回答

「固定概念」と言う……27・8％

おかしいとは感じないが、
自分では「固定観念」を使う……23・8％

おかしいと感じる。
「固定観念」を使うべきだ……48・4％

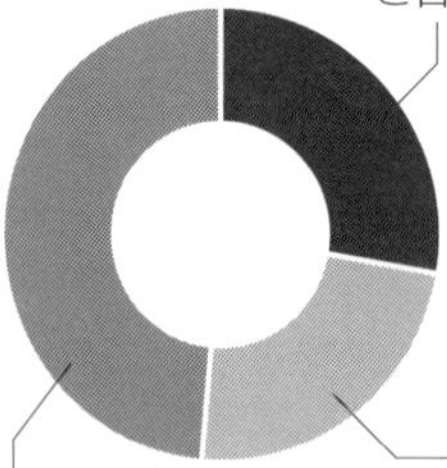

（2022/4/19掲載）

解説

「おかしい／おかしくない」は半々

強い思い込みについて「固定概念」と言うことをおかしいと感じるか感じないかは、ほぼ半々という結果になりました。使いにくく感じる人が多いのはどうしてでしょうか。

「概念」と「観念」の差

「それが正しいと一度思いこんでしまって、他の選択を認めようとしない考え」(新明解国語辞典8版)といった意味で国語辞典に載っているのは「固定観念」です。それを踏まえた上で、「固定概念」という言い方は直すべきものなのかどうかというのが今回の質問のポイントでした。

「観念」と「概念」はどれほどの差がある言葉なのか。ツイッターには「観念は個人的なもの、概念は一般的なもの」という意見が寄せられました。辞書では例えば新選国語辞典10版の説明から、この場で必要なものを抜き出すと、

観念——物ごとについての考え。

概念——多くの観念のうちから、共通の要素をぬきだし、それをさらに総合して得た普遍的な観念。

とあります。「観念」が、日常的には単に、何かについての「考え」を意味するのに対し、「概念」は個々の観念より上位にあたるものとして想定されます。個別の「観念」に対して、一般性を持つのが「概念」だと考えて支障ないでしょう。

「観念」について、ほかの辞書の説明も引きましょう。

個人の、特定の物事に対する考え方。「時間の観念がない」「責任観念」「固定観念」（現代国語例解辞典5版）

世の中にはこういうものがある、それはこういう性質のものだ、という考え。「経済観念・時間の観念のない人・子どもは純真だという観念」（三省堂国語辞典8版）

「観念」が個人に属するものであり、またそれは常に「何かについての考え方」であるということが伝わりやすいと思います。ちなみに「時間の観念のない人」という場合は、時間そのものについて無知であるとか考えがないというわけではなく、決められた時間を守る心構えに欠けている人という意味ですね。これを「時間の概念がない人」というと、話が通じにくくなります。

一面的な考え方には「観念」がなじむ

こうしてみると「固定観念」がなじむ理由は分かるように思います。思い込みによって凝り固まった考え方、というのは通常、個人に帰せられるものだからです。

もっとも、例えば「女性は家庭を守り、男性は外で働く」のような考え方も「固定観念」と言えそうです。こうした考え方は個人のものではないように見えますが、考え方が一面的であるという点において「概念」に期待される総合的・普遍的な性質とは差があります。個人の観念と同様に扱って差し支えないでしょう。

「固定概念」は修正すべきか

「固定概念」を直すかどうか、というのはどう考えるべきでしょう。毎日新聞の記事データベースをこの単語で検索するとそれなりの数がヒットするのですが、それらの記事を改めてみると、すべて「固定観念」「思い込み」といった言葉に置き換えて問題のなさそうな内容です。そういった使い方ならば、「普通は固定観念と言います」として直すことも無理とは言えない印象を持ちます。

ただしこれが、「固定概念」が誤りだから直すのか、と言われると即答しにくい。もしかすると、揺るぎなく確立された概念について「固定概念」と言える場合もあるかもしれません。あくまで「思い込み」のような場合については「固定観念」がよいということではないかと考えます。

6 要りますか？に「大丈夫です」は答えになっているか

質問

袋は要りますか？との問いに「大丈夫です」――この答え方はＯＫ？

回答

「要らない」という意味は分かり、問題ない……29・4％

意味は分かると思うが、曖昧なので避けたい……59・3％

意味が伝わるとは言えず、よくない……11・3％

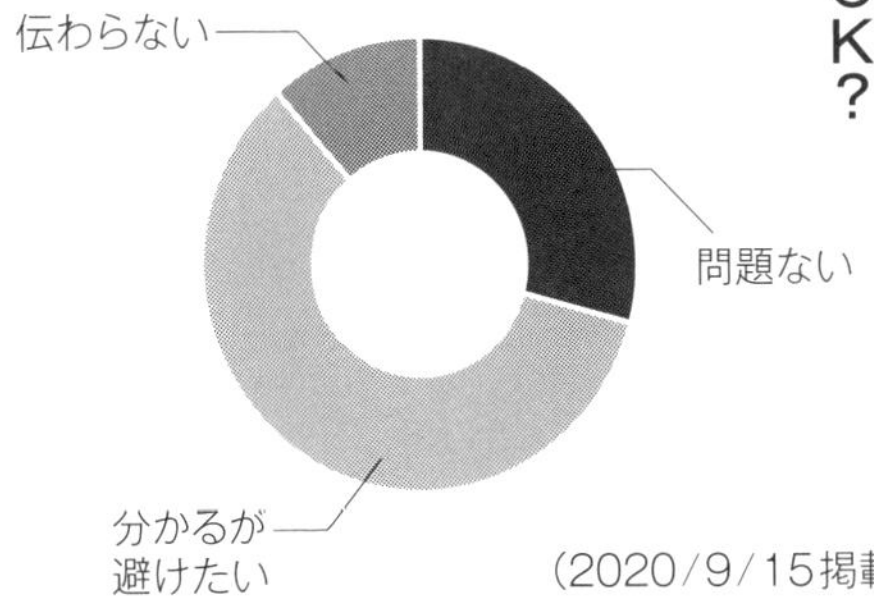

（2020/9/15掲載）

解説

「分かるが避けたい」が6割占める

コンビニエンスストアなどで袋が要るかと聞かれ、「要る」「要らない」で答えずに「大丈夫です」と答えるのはどうなのか。9割の人は「大丈夫」＝「要らない」という意味は分かると考えているようですが、返答としては曖昧なものと感じる人がそのうち3分の2、全体の6割を占めました。使う場面によっては意味が取りづらい場合も考えられ、返答に「大丈夫」を使うのは気をつける必要がありそうです。

辞書編集者も悩ます「大丈夫」

とはいえ時に使ってしまうこの「大丈夫」。辞書編集者、神永暁さんも著書『悩ましい国語辞典』（角川ソフィア文庫、2019年／単行本は時事通信出版局、2015年）で取り上げ、辞書の記述と使用実態のギャップに感じる〝悩ましさ〟をつづっています。

理髪店で髪を切り、シャンプーをしてもらっているときのことである。店員さんから「おかゆいところはありませんか」と聞かれて「大丈夫です」と答えてしまったのだが、自分で使っておきながら、この「大丈夫」の意味は残念ながら今の国語辞典では説明できないんだよなと考えた。

「大丈夫」の項目で、「問題ない」「結構です」といった意味合いの受け答えの用法を載せている辞書が、まだ少なかったのだと思われます。しかし神永さんは「この新しい『大丈夫』が辞書に登録される日も遠くないような気がしているのである」と記しています。

応答の「大丈夫」も辞書に載る傾向

実際に、最近の国語辞典は、新しい意味の「大丈夫」を採録する傾向が見られます。

婉曲《えんきょく》的に拒否したり、辞退したりするさま。結構。「『お茶はいかがですか』『大丈夫です』」〈近年、若者を中心に使われる〉（大辞林4版、2019年）

近年、応答に用いることが増えている。「『おかわり大丈夫（＝不要）ですか』『大丈夫（不要）です』」「『かゆいところありますか』『大丈夫（＝問題ない）です』」（岩波国語辞典8版、

2019年）

口語で、「（…しても）よい」「（…しなくても）よい」の意。「『おかわりはいかがですか?』『大丈夫です』」（現代国語例解辞典5版、2016年）

〔俗〕よろしい。けっこう。「おさらをお下げしても大丈夫ですか・『レジぶくろは大丈夫（＝ご不要）ですか』『はい、大丈夫です（＝いりません）』」（三省堂国語辞典7版、2014年）

やんわりと断る意味を載せているものが多いのですが、なかでも現代国語例解辞典が「（…しても）よい」「（…しなくても）よい」の両方を挙げているのが目を引きます。確かに「『おかわりはいかがですか?』『大丈夫です』」というやり取りは、ちょっと受け取り方に迷います。この返答はおそらく「食べなくてもよい」という意味と思いますが、もし質問が「おかわりどう?　まだ食べられる?」という形で、それに「大丈夫です」と答えが返ったならどう受け止めるべきでしょうか。「食べてもよい」と受け止めたいところですが、その逆の意味である可能性も大いにあり得ます。

その「大丈夫」はどっちの意味？

さすがに右のような例であれば、「大丈夫です」を使うのはためらわれるので、アンケートを取ったならば問題ありとする人が大勢を占めるのではないかと思います。またよく例示されるのが、上司が部下に「一杯どう？」と誘いをかけ、部下が「あ、大丈夫です」と答えるような形。部下は断っているつもりでも上司は「ＯＫ」の意味で受け取るという、コミュニケーションの食い違いが生まれます。

コンビニの袋の場合はこれほどの混乱は起こらないと考えて、今回の質問は「ぎりぎりセーフ」だろうかと考えて伺ってみたのですが、「問題ない」は3割止まり。「日本語ではっきり言うとキツく感じる」という意見も一理あると思いますが、意味が伝わりにくいことで現実的な不都合があることを考えると、「曖昧なので避けたい」という意見が過半数になったのはもっともなことだと思います。

「確実な意思疎通」には不向きな用法

応答に使う「大丈夫」が広がりを見せており、辞書でも市民権を得つつあるのは確かです。しかし、コンビニのレジのような、比較的意味の分かりやすい場面であってもきちんと意味が伝わるとは言えないことを考えると、問いかけへの返答に「大丈夫です」を使うには注意が必要だと考えるべきでしょう。確実に意思疎通したい場合には、避けたほうが無難なのは間違いありません。

その後 三省堂国語辞典8版（2022年）では「大丈夫」の記述を以下のように拡充し、「俗」という表示はなくなりました。

③さしつかえがないようす。かまわないようす。「おさらをお下げしても大丈夫ですか・〔電話で〕水木さんのお宅で大丈夫〔＝まちがいない〕ですか」④いらないようす。えんりょしたいようす。「〔店員が〕レシートは大丈夫ですか〔＝ご不要ですか〕・『飲みに行かない？』『大丈夫です〔やわらかくことわる言い方〕』」

column

スポーツ選手の名前 敬称は必要？

毎日新聞では、スポーツ記事に載る選手の名前については、基本的に敬称（「さん」など）や呼称（「選手」など）を付けないことにしています。選手の名前がいくつも出てくる戦評などで敬称を付けると、冗長な印象を与えるうえに、情報量が減ってしまうためです。選手をぞんざいに扱おうという意図は全くありません。

　一方で社会面などに載る話題ものの記事や、競技を離れた事柄に関する記事では敬称・呼称を付けることにしています（見出しでは省略する場合も）。ただ、インターネットを通して記事が読まれる機会も増え、従来のような新聞の掲載面に基づいた考え方ではうまくいかず、ケース・バイ・ケースということも増えています。

　そこで、アンケートを取ってみたところ、3分の2の人は呼び捨てでも気にならないとしましたが、3分の1は気になると

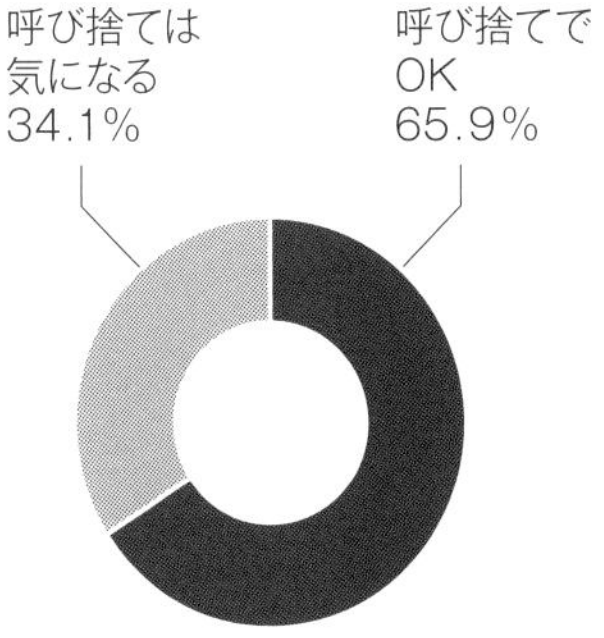

（2018/3/4掲載）

いう結果。気になるという人が意外に多かった、というのが率直な感想です。

新聞社などでは、こうした呼称の基準を、芸能記事の芸能人、囲碁や将棋の記事における棋士についても適用しています。

こうした記事に登場する人たちに共通するのは、プロとしての技能を人に見せることを職業としている、ということです。その「技能を見せる」という範囲においては、一般的な人間関係で必要とされる敬称や呼称を省くことも失礼に当たらないのではないかという考え方もできます。しかし、競技の背景となるエピソードを伝える際にはどうするかといったこともありますし、今回のアンケート結果も踏まえ、不断に検討・見直しをしていきます。

7 震災を「迎えた」——感情を含む表現と新聞校閲

質問

防災対策が進まないまま「震災を迎えた」——この書き方、どうですか？

回答

違和感はない……4・3％
違和感があるが、許容範囲……18・2％
問題があり、書き換えたい……77・5％

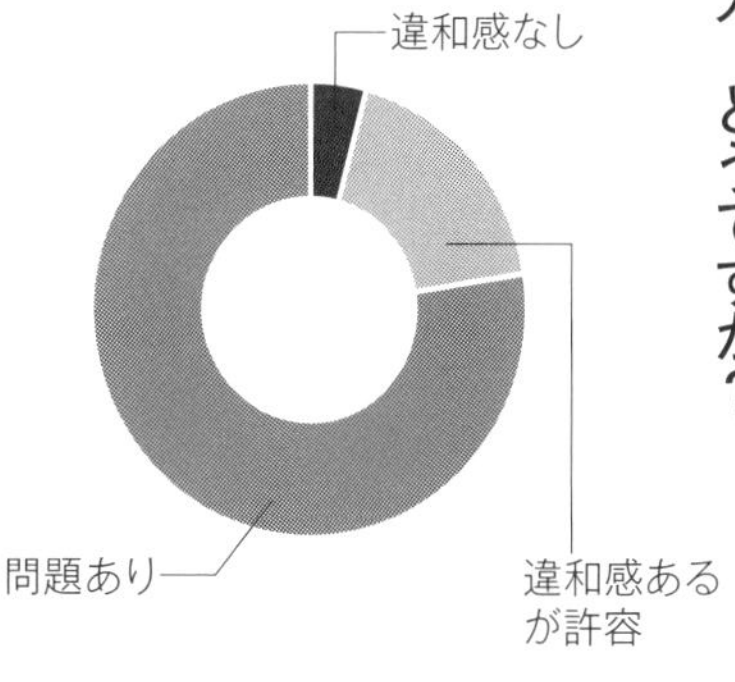

（2020/11/27掲載）

解説

「書き換えたい」人が8割弱占める

「問題があり、書き換えたい」との回答が8割近くと、圧倒的な結果となりました。「違和感がある」との回答も合わせるとおよそ95％もの人が違和感を覚えたようです。多数の人に伺うアンケートでここまで差が出るとは思わず、やや驚いています。

「迎える」には「能動的な印象」との声も

いただいたコメントでは、「迎える、という言葉にはやや能動的な印象がある」など、「迎える」という言葉に対して「受け入れる」という印象を持つ人が複数見受けられました。一方で「備えるべきことが十分にできないままその日が来てしまったと考えれば違和感はない」という意見もありました。確かに、日本では震災への備えは欠かせないものであるし、いつかは分からなくとも必ず大地震は起こるでしょう。この意見には非常に納得しました。

例えば警鐘を鳴らす意図で「十分な防災対策が取られないまま、我々は震災の日を迎えることになるだろう」と書かれた文であればどうでしょうか。個人的には、未来のことに対して使用するのであればそこまで違和感はなく、前後の内容にもよりますがそのままにすると思います。

新聞としては他の表現を求めたい

ではなぜ「福祉避難所は阪神大震災で必要性が認識されたものの、自治体によって指定にはらつきがある中で、東日本大震災を迎えた」という原稿には違和感があったのでしょうか。

辞書で「迎える」を引くと、「ある時期を目前にする」意味のほかに、「客を迎える」のように待ち設ける意味合いも含んでおり、期待のような感情を帯びた表現と受け取られる可能性もあります。

自身のことについて話すなど個人的な文なら、それでも差し支えないと思いますが、不特定多数が読む新聞という媒体であること、防災対策という一般的な話であることなどから、校閲としては被災した人が読んだ時にどう感じるかについても想像し、より適切な表現を求めるべきだと考えています。

想像を巡らすことも校閲の役割

この解説を書いていて思い出したことがあります。出題者が入社試験を受けたのは、東日本大震災のあった年でした。その際に面接で「震災の記事での『がれき』という言葉に対して、被災者の方から『思い出のある家、物に対して、がれきという言葉を使ってほしくない』との声があったらどうするか」と聞かれました。その時なりに精いっぱい考えて回答しましたが、質問されるまではそのような発想すらなかったというのが正直なところです。しかし、それを考えられるようになるということが「読者の側に立って仕事をできる」校閲の役割なのだろうとも感じました。

今、どこまで想像を巡らせることができるようになっているのかは分かりませんが、一人の読者であるという意識を忘れずに持っていたいです。

8 「原爆の日」「原爆記念日」「原爆忌」…8月6日の呼び方は

質問

8月6日は広島に原爆が投下された日。どの呼び方がしっくりくるでしょうか。

回答

原爆の日……72・0％
原爆記念日……6・3％
原爆忌……21・7％

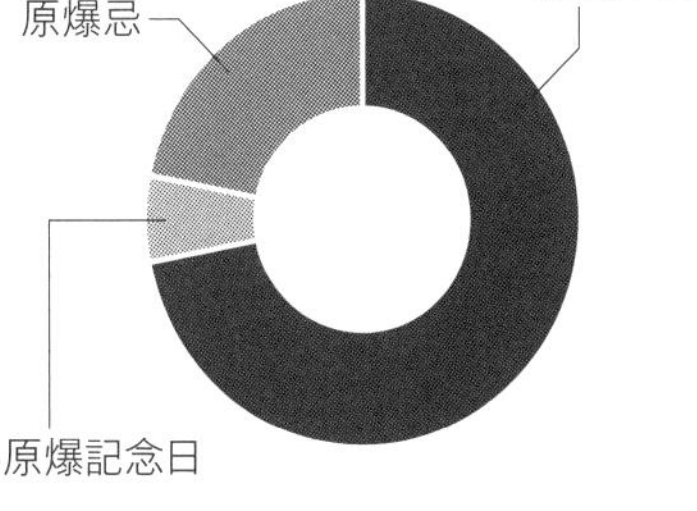

（2018/8/27掲載）

解説

「原爆の日」が7割以上「原爆忌」も2割超

「原爆の日」が7割以上を占めており、ほかの言葉よりも広く定着した言い回しと考えてよさそうです。俳句などで多く見かける「原爆忌」も2割を超え、一定の支持を得ました。「原爆記念日」はあまり支持を得られず。しかし、日本国語大辞典では、1972〜1976年の初版、2000〜2002年の2版とも「原爆記念日」が主項目です。「原爆」の項目に含まれる「原爆の日」は「『げんばくきねんび（原爆記念日）』に同じ」とされています。

広島市のウェブサイトから過去の平和宣言を見てみると、1947年に出された最初の平和宣言は「本日、歴史的な原子爆弾投下2周年の記念日を迎え……」と始まっています。現在では少なからぬ人から「原爆投下を祝っているみたいだ」と反感を受けそうな文ですが、そもそも「記念」にも「周年」にも祝うニュアンスはありませんでした。「原爆記念日」も自然な用語として使われてきたものと考えられます。

「原爆忌」について、文芸評論家の山本健吉は著書で「震災忌」に倣った呼び方としています（『最新俳句歳時記・夏』文芸春秋、1971年）。関東大震災が起きた9月1日は、今はもっぱら「防災の日」と呼ばれますが、かつては「震災記念日」が一般的でした。それを「震災忌」と呼ぶのと同様に「原爆忌」が使われるとのこと。かつては毎日新聞の紙面でも「原爆忌」は「原爆の日」よりも多く使われていました（1989〜1998年は「原爆忌」207件、「原爆の日」26件。2009年以降は「原爆忌」96件、「原爆の日」373件。東京本社版、地域面除く）。字数が少なく使い勝手がよかったのだろうと想像されますが、アンケートの結果にも明らかなように、今は「原爆の日」が広く定着しています。記事もそれに合わせたものに変化してきたようです。

9 なお定まらない「あの戦争」の呼び方

質問 戦後75年。この戦争の呼び方はどれが適切ですか？

回答
太平洋戦争……38・5％
アジア太平洋戦争……10・9％
第二次世界大戦……47・9％
十五年戦争……2・7％

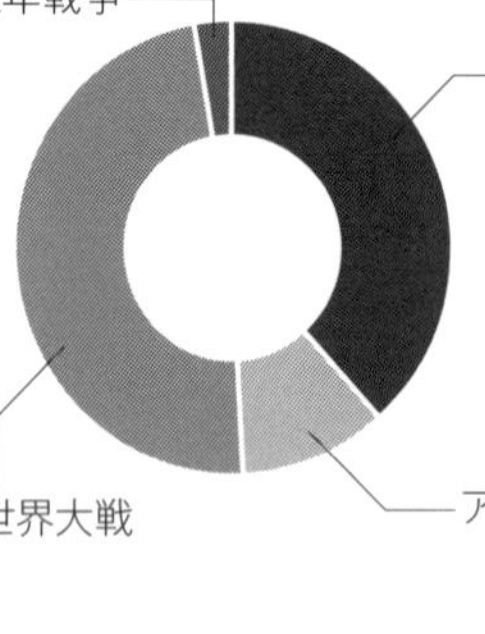

（2020/9/1掲載）

解説

「第二次世界大戦」「太平洋戦争」でほぼ二分

「第二次世界大戦」が最多となりました。これと「太平洋戦争」が多くなることは織り込み済みで、「アジア太平洋戦争」がどれだけ支持を集めるかというところに一番の関心がありました。

というのも、戦後70年である２０１５年に、元新聞記者の大学教員から、このような趣旨の指摘があったためです。

・日本は公的な場でいまだにあの戦争についてのきちんとした呼称をもたない。
・太平洋戦争という用語は連合国軍総司令部（ＧＨＱ）が大東亜戦争に代わる呼称として普及させたもの。
・太平洋戦争では中国、東南アジア、インドなどの広大な地域が戦場だったことが伝わりにくい。

その上で、教科書で一部「アジア太平洋戦争」という表記が登場していることを踏まえ、これがより適切と紹介する内容でした。

追悼式では「先の大戦」

太平洋戦争の開戦というと真珠湾攻撃がクローズアップされがちなのですが、その同日、つまり1941年12月8日には英領マレー半島などに進撃しています。石油などの資源を確保するという目的の重要性にもかんがみると、アジアを前に出す「アジア太平洋戦争」という用語のほうが、あの戦争を理解するのに適切かもしれません。しかし、アンケートでは1割という結果になりました。新聞でもこの語は時々使われるものの、主流ではありません。

政府の8月15日の全国戦没者追悼式での言葉は「先の大戦」など一般語で一貫しています。新聞でも、引用ではない地の文でも使われることが少なくありません。固有名詞ではなく「先の大戦」を使わざるを得ないところに、あの戦争を指す言葉の難しさがあります。

「第二次世界大戦」にも難点が

「先の大戦」といえば京都では応仁の乱のこと、という説がありますが、それはともかく、多くの場合「先の大戦」「先の戦争」で誤解なく通じます。しかし、例えば「先の戦争で

310万人もの日本人が亡くなった」という場合、この「戦争」は1941年12月を起点にするのか、それとも1937年から始まる日中戦争を含めてのことか、はたまた十五年戦争の起点となる柳条湖《りゅうじょうこ》事件（1931年）からなのか――が分からないという問題があります。

そこで戦争の名称が必要になるのですが、2020年8月16日の毎日新聞朝刊では、全国戦没者追悼式を伝える記事の中で「日中戦争と第二次世界大戦で犠牲になった約310万人を悼んだ」とありました。間違いとは言いませんが、第二次世界大戦中にも当然ながら日本と中国との戦争は続いているので、これでは日中戦争と第二次世界大戦が別のものという誤解を与えかねません。太平洋戦争などとしても同じ問題が生じます。結局「日中戦争から続く戦争」などと曖昧に表記するのが一番正確という困った現状があります。

「太平洋戦争」は過去の呼称？

さて、中国文学者の高島俊男さんによる日本語エッセー『お言葉ですが…』（文芸春秋、1996年）に「あの戦争の名前」という一文があります。『昭和史の事典』（東京堂出版、1995年）という本を引用し「近現代史学界、すくなくともその進歩的部分では、いつのまにか『アジア太平洋戦争』というのがあの戦争の正式名称になっているらしい」「『大東亜戦争』

は言わずもがな、『太平洋戦争』も、もはや過去の呼称となったもようである」とあります。

1996年に発表されていますが、はたして「太平洋戦争」は過去の名称になったのでしょうか。そうなっていないことは今回のアンケート結果からも明瞭にうかがえますし、図書館や書店に並ぶ本のタイトルを見る限り明らかに「太平洋戦争」が優勢です。

ただ、2020年に発行された講談社の学習まんが『日本の歴史』18巻のタイトルが「アジア・太平洋戦争」であることが目に付きました。高島さんは先のエッセーで「そのうちに皆様のお子さんたちも、『太平洋戦争じゃないよ、アジア太平洋戦争だよ』と言い出すようになるかもしれません」と記していますが、その予言が現実になりつつあるのでしょうか。

定着していない「アジア太平洋戦争」

では、教科書はどうなっているでしょう。

検定を通った2021年度の中学歴史教科書7種のうち、見出しを含め「アジア太平洋戦争」を前面に掲げているのは学び舎版のみ。ほかは「太平洋戦争」を本文表記とし注釈で「アジア・太平洋戦争」に触れるものが見られます。例えば帝国書院版ではこうなっています。本文で「太平洋戦争（アジア・太平洋戦争）」、注釈で「太平洋戦争はアメリカ側が用いたよび方で、近年は、アジアも戦場であったことから、アジア・太平洋戦争ともよばれています。また、戦争中、日本はこの戦争のことを『大東亜戦争』とよんでいました」。

しかし、注記を含め「アジア（・）太平洋戦争」の語が見当たらないものが依然として少なくありません。一方、育鵬社版は「太平洋戦争（大東亜戦争）」を見出しに掲げています。育鵬社といえば、その中学教科書を他社に変更する自治体が相次いでいると、産経新聞のウェブニュースが「懸念」まじりに伝えていました。ちなみに育鵬社の教科書を批判する『育鵬社教科書をどう読むか』（高文研、2012年）という本では「育鵬社は一般に定着している『アジア太平洋戦争』という呼称に対抗し、あえて『大東亜戦争』という呼称を記載」と書かれています。でも、アンケートを見ても「アジア太平洋戦争」は少なくとも今「一般的に定着」しているとはとても言えないでしょう。

歴史認識という色眼鏡の恐れ

この用語の一般的な定着にはいくつかハードルがあるように思えます。一つは、「アジア太平洋戦争」が「十五年戦争」と同じ意味で使われる場合もあることです。不用意に使うと、その起点が1931年か1941年かで分かれ、厳密さを欠くことになります。

そしてもう一つは、歴史認識の問題です。大辞林4版にはアジア太平洋戦争は「一九三一年の満州事変に始まり、日中戦争・太平洋戦争を経て一九四五年の敗戦に至る日本の一連の対外戦争の総称。これらの戦争を一連の不可分一体のものと考え、日本がアメリカとの戦争のみならず、中国・アジア諸国に侵略戦争を行なった意味をこめた呼称。一五年戦争」とあります。

日本の「侵略」を認めない立場の人からすれば、このように説明される用語は使いたくないことでしょう。単に地域的な戦場の意で使えば問題はないはずですが……。たとえ先の戦争について特定の立場を取るつもりがなくとも、この用語を使うだけで、歴史認識という色眼鏡を通して受け取られることになる可能性は否定できません。

「十五年戦争」「昭和戦争」も支持されず

なお、アンケートで「十五年戦争」は最少になりました。最近はこの語は支持が少ないようです。15年というのは1931年から1945年までの「足かけ」であり、単純計算すると具合が悪いことも一因かもしれません。また、読売新聞が2006年に「日本の過去の国内戦争が、年号で呼ばれていることが多いこと、また、昭和時代に起こった一連の戦争であったことを考え、満州事変、日中戦争、日米戦争にいたる一連の戦争を一応『昭和戦争』と呼ぶこととした」と提唱しましたが、読売自身もその後「太平洋戦争」に戻り、普及しませんでした。

結局、現状では「第二次世界大戦」「太平洋戦争」をベースに、戦場や年など必要な情報を加えるのが一番なのかと思ってしまいます。

第2章

新たな言葉が定着していく

1 書き言葉ではやはり「すごくうれしい」

質問 発言の「すごいうれしい」を書き言葉で伝える場合、どう表記すべきでしょうか。

回答

そのまま「すごいうれしい」と書くべきだ……8・5％

文法上正しい「すごくうれしい」に直すべきだ……57・5％

状況による……34・0％

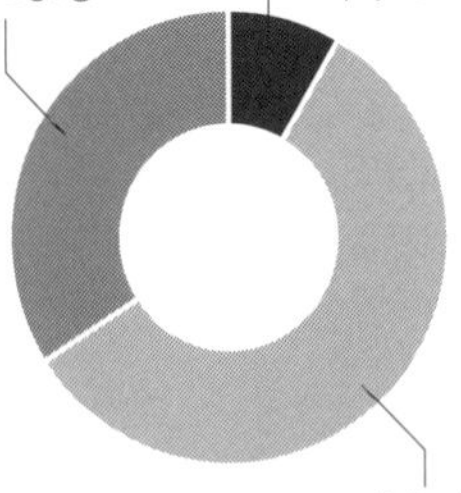

（2021/8/20掲載）

解説

発言でも「直すべきだ」が多数

「すごくうれしい」に直すべきだとの回答が半数以上という結果になりました。「状況による」という回答も多いのですが、発言の書き起こしでも書き言葉の文法にのっとるのが適切という人が多いことが分かりました。

「すごい＋形容詞」を連発するメダリスト

オリンピックでは、競技者の発言がしばしば話題になります。過去の大会で有名になった「なんも言えねえ」（2008年北京五輪の北島康介さん）、「チョー気持ちいい」（2004年アテネ五輪の北島さん）、「めっちゃ悔しい」（2000年シドニー五輪の田島寧子さん）など、新聞のニュース記事ではまれな、くだけた話し言葉が紙面に堂々と登場しました。

2021年の東京五輪で、あえて最も印象的な発言を挙げると、最年少の12歳で銀メダルを取ったスケートボード女子、開心那《ひらきここな》選手の「すごい重いです。今までで一番重いです」です。銀メダルの感想ですが、今まで必死で練習してきたことを重ね合わせた心理的表現と思いきや、実はどうやら本当にメダルの重量のことを言っていたともいわれます。そして、やはりスケートボードの金メダリスト、堀米雄斗選手も「すごいうれしいです」と言っていて、「すごい＋形容詞」という言い方が当たり前のように出てくることに興味をそそられました。いや、ここで「すごい」は形容詞で、同じ形容詞の「重い」「うれしい」に続く時は連用形の「すごく」にしなければおかしい、などとメダリストを批判するつもりはありません。むしろ「すげえ」と言わなかったことを「きっちりしている」とさえ思います。

「すごい＋形容詞」は「普通」とする辞書も

文化庁の2011年度「国語に関する世論調査」によると、「あの人は走るのがすごく速い」ということを「すごい速い」と言うことがあるかという質問に、「ある」と答えた人は48・8％。実際にはもっと多いのではないかという気がします。調査の例文や聞き方が影響したのかもしれません。辞書ではどうでしょう。全くこの使い方に触れていないものも少なくありませんが、「すごい」の注として付記しているものを挙げます。

連用形で「すごく」と言うべきところを、俗に「すごい」と言うことがある（三省堂国語辞典7版）

話しことばでは、「すごい大きい」「すごいきれいだ」のようにいうこともあるが、一般的ではない（新選国語辞典9版）

俗に、「すごい楽しい」などと、終止連体形を副詞的に用いることもある（現代国語例解辞典5版）

俗用ながら口頭語では「けさはすごい寒い」など連体形を使うのが普通になった（岩波国語辞典8版）

岩波が「普通」と踏み込んでいることが目を引きます。一方、大辞林、新明解国語辞典は「すごい」ではなく「すごく」（副詞）で注を立てています。

近年、くだけた言い方で「すごく」の代わりに「すごいでっかい」「すごいきれいだ」などと言う場合があるが、標準的でないとされる（大辞林4版）

若い世代に好んで用いられる。また、「すごくきれい」を「すごいきれい」などと、「すごい」を副詞的に用いることがある（新明解国語辞典8版）

なるほど、「すごい」を形容詞ととらえる限り文法的に「誤用」とせざるを得ませんが、副詞の一種と考えれば「俗用」という扱いだけで済むのか、と思いました。

話し言葉と書き言葉とで…

さて、今回のアンケートは、若い人を中心に「すごい＋形容詞」という話し言葉が「俗用ながら普通」という実情を踏まえた上で、それを文字に記録する時、そのまま記すべきかという趣旨でした。話し言葉と書き言葉は根本的に違うものです。ただし、発言をそのまま記すことで、その場面の雰囲気やストレートな感情が伝わりやすくなる面も否定できません。だから、北島さんの名言は「何も言えない」などに直さず「なんも言えねえ」と書いています。

競技者の生の声はできるだけそのまま届けたいという思いもあります。その一方で、書き言葉での「すごい重い」は「すごく重い」に直したほうがよいのかなとアンケート結果から思いました。

その後 それぞれ姿勢は大きく変わっていないものの、三省堂国語辞典は8版（2022年）で「連用形『すごく』は、俗に『すごい』の形で『すごい速い・すごいびびってる』のように言う。関西方言で昔から『えらくおもしろい』を『えらいおもしろい』と言うなど、全国の方言に似た現象がある」と詳しく解説。新選国語辞典10版（2022年）も「参考」として「用言につづくときは『すごく大きい』のようにいうのがふつう。くだけた会話では、『すごい大きい』『すごいきれいだ』のようにいうこともあるが、改まった場面では避けたい」と書いています。

2 ついに辞書にも採録「斜め上」

質問

「予想の斜め上だ」という表現、単に「予想以上」と言うのとどう違うでしょうか？

回答

独創的だと称賛している……11・7%
ピントがずれているとあきれている……16・7%
意外で予測不能だと驚いている……60・2%
この表現を知らない……11・3%

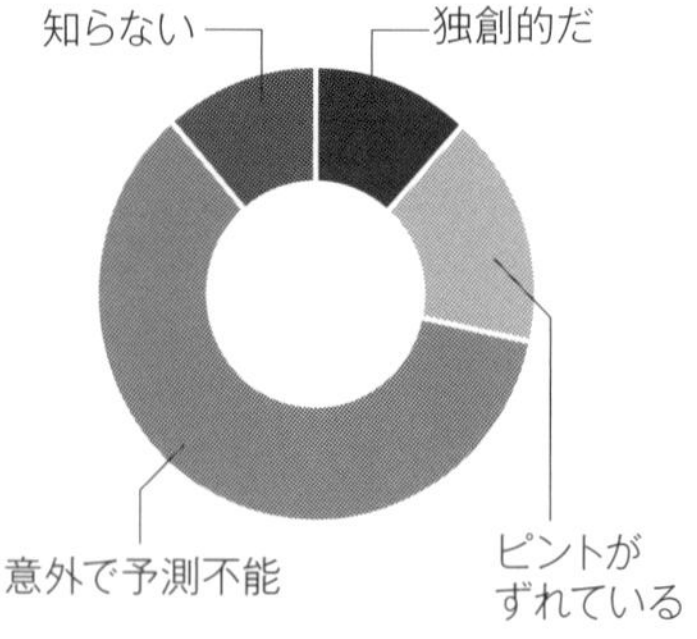

（2021／11／26掲載）

解説

「意外で予測不能」が6割占める

「意外で予測不能」という意味を選んだ人が6割と圧倒的でした。独創性を褒めるとか、ちょっとズレているといった捉え方をする人はそれぞれ1～2割で、まずは驚きを表す言葉であるようです。

予想外の展開に使う言葉

「斜め上」のこの意味は、現時点（2021年11月）では国語辞典に見当たりませんが、三省堂が毎年開催している「三省堂辞書を編む人が選ぶ『今年の新語』」で2015年に10位として取り上げられました。「三省堂国語辞典風」というその語釈を見ますと、

① ななめにずれた、上がわ。「右斜め上」（⇕斜め下）

②〔俗〕それまでの流れからは考えられないこと。「予想の斜め上を行く展開・斜め上の反応」

とあります。②が今回の用法ですね。「俗」とあるようにネットスラングとして多く見られます。

ヤフーのリアルタイム検索でツイッターの投稿内容を見てみると、24時間で1500超の「斜め上」がヒットしました。「想像の斜め上の可愛さ」「毎回斜め上を行く展開」「斜め上過ぎて理解不能」といった「俗」の用法が大半で、単に位置関係を示すものは少数でした。

このリアルタイム検索には、ツイート時の感情を自動で判別する機能があります。検索した際はポジティブ63％に対してネガティブ37％。もちろんどちらとも言えないツイートもあり、全て正確に判定されているわけではないでしょうが、明らかな偏りはないと思われます。「可愛さ」というプラス側、「理解不能」というマイナス側の両方につなげて使われていますし、多かったのは「斜め上なやつ来たw」というような、予想外の展開をおもしろがるツイートでした。

三国が「斜め上」を採録

さて先ほど「現時点では」国語辞典に見当たらないと書きました。この状況は2022年1月刊行の三省堂国語辞典（通称・三国）8版をもって終わります。新語の収録に定評のある三国が「斜め上」を収録したというのです。

刊行前の2021年11月、編集委員の飯間浩明さんに取材しましたが、「今年の新語」の時と同じ語釈になるとのことでした。6年前と同様の使い方がされてきたということでしょう。ただ、もっと具体的なニュアンスを書けないものか。飯間さんは「個人によって見方が分かれる言葉は、ニュアンスといいますか語感まで書けないですね。個人個人の語感というのは辞書が踏み込みにくい領域ではないでしょうか」。主観を排除した「斜め上」の説明は、こうなるということです。実際にリアルタイム検索の結果、今回のアンケートの結果を見ても妥当だと思われます。

由来は『レベルE』で決着の模様

しかしそれより、ネットユーザーの多くが知りたいと思っていたのは、この「斜め上」の元ネタでしょう。三国の8版では調査の結果、漫画『レベルE』（冨樫義博、集英社、単行本1996年〜）から広まった、と明記しました。実際に読んで当該箇所を確認したという飯間さんによると、ネット上では漫画『パタリロ！』（魔夜峰央、白泉社、単行本1979年〜）が元になっているとも言われていたが、具体的な出典情報は見つからず、『パタリロ！』説には根拠がないと判断したそうです。

「あいつの場合に限って常に最悪のケースを想定しろ。奴《やつ》は必ずその少し斜め上を行く‼」。これが『レベルE』のセリフ。ひねくれた性格で何をしでかすか分からない主人公「バカ王子」を捜している護衛隊長が部下に説教する場面です。

単に程度が甚だしいというだけでなく、もう一つ予想外の方向に展開する……その「斜め上」っぷりは漫画で実際に読んでいただくとして、「斜め」「上」という基本語にここまでの表現力を持たせた作者の冨樫さんに感嘆するばかりです。

3 「こだわり」を認める時代

質問
作り手の「こだわり」を感じる――と言う場合、どう受け止めていることになる？

回答
肯定的に評価している……70・8％
否定的に受け止めている……8・7％
肯定と否定が相半ばしている……20・5％

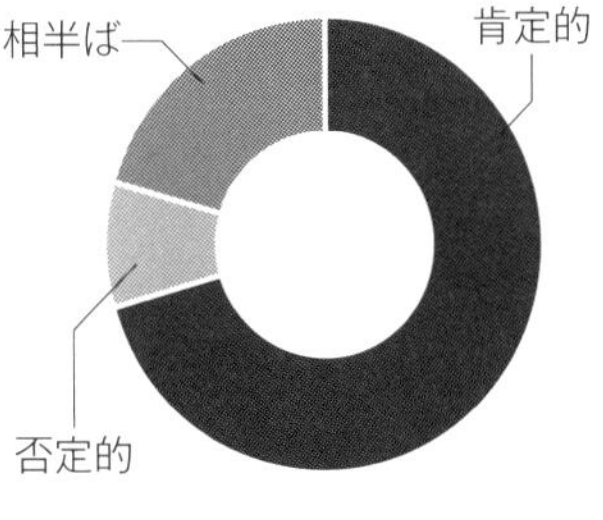

（2020／12／22掲載）

解説

「肯定的」を選んだ人が7割占める

作り手の「こだわり」というなら、肯定的な評価だと考える人が7割に達しました。「こだわり」は、かつては「拘泥」と同じように「ちょっとしたことにとらわれる」（岩波国語辞典8版）という否定的な意味で使われた言葉ですが、そうした捉え方以外の用法も、広く認められているようです。

辞書も肯定的な用法を記載

国語辞典で「こだわり」ないし、動詞「こだわる」を引いてみると、大半は肯定的な用法についても触れています。明鏡国語辞典3版は「こだわる」の項目で、「つまらないことに心がとらわれて、そのことに必要以上に気をつかう」という語釈には「マイナスに評価していう」とし、一方で「細かなことにまで気をつかって味覚などの価値を追求する」という語釈には「プラスに評価していう」と明記しています。

明鏡は、肯定的な用法については〔新〕の符号をつけて「新しく生まれた語や意味」としています。ほかの辞書も同様に説明しているものが多いようです。毎日新聞の過去記事を検索すると、１９８２年に「『こだわりギフト』に人気」という見出しの記事が見られました。お中元の商品として「自然、健康、スポーツをテーマにした『こだわりギフト』」が注目されているという内容で、これは「個人の好みを特に狙ったギフト」というほどの意味でしょう。少なくとも否定的な意味合いではなく、40年ほど前には用法が広がっていたと言えそうです。

「こだわり」に他人の評価は関係ないとも

ただ一方で、こうした「こだわり」を、すっぱりプラスとマイナスに分けて考えることができるかは意見が分かれそうです。新明解国語辞典8版は「こだわる」の項目の㈡として「他人はどう評価しようが、その人にとっては意義のあることだと考え、その物事に深い思い入れをする」と説明します。

作り手の「こだわり」という場合も、そこに込められた「思い入れ」はあくまで「その人にとっては意義のあること」であり、他人の評価がプラスかマイナスかというのは、本質的な問題ではないのだと言っているようです。

個人の思い入れを尊重する傾向

この記事を書くに当たって毎日新聞の過去記事を検索していて興味深かったのは、1987年12月の、博報堂による翌年の「生活予報」について触れた記事でした。「欠乏の時代が終わり、モノが満たされると感覚的なこだわりの時代が来る」と言います。時あたかもバブル経済のさなかで、物質的な欠乏が遠のくとともに、それまでは顧みる余裕がなかった「その人にとっては意義のあること」がクローズアップされてきたというのでしょう。

そう考えると、今回のアンケートが示したように、作り手の「こだわり」を肯定的に評価できるというのは、個人の好みや思い入れというものを尊重する傾向が強まったということなのかもしれません。現時点において「こだわり」の意味を否定的な方向だけで捉える必要はなくなったと言えそうです。

4 「ほぼ」と「ほぼほぼ」どう違う？

質問

「ほぼ完成」と「ほぼほぼ完成」。完成に近いのはどちら？

回答

ほぼ完成……40・5％
ほぼほぼ完成……33・5％
どちらも同じ……7・4％
「ほぼほぼ」を使わないので分からない……18・7％

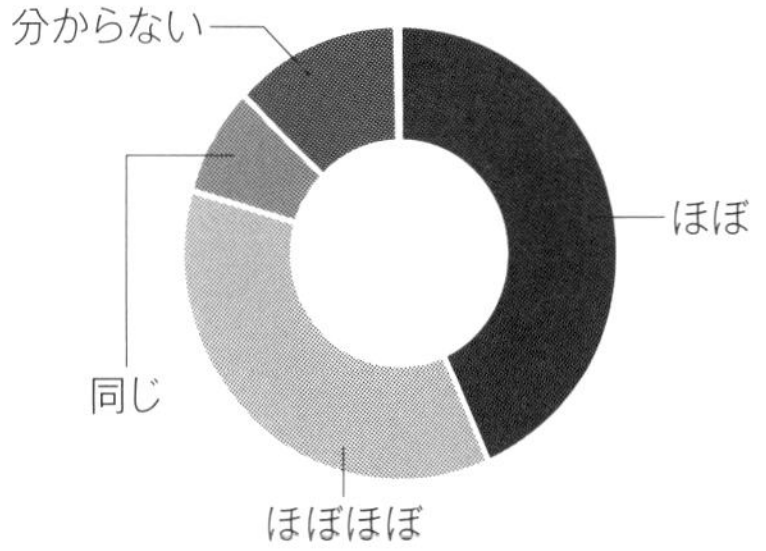

（2019/8/2掲載）

解説

意味の差は意識されているようだが…

割れました。「ほぼ」のほうが完成に近いとした人は4割、「ほぼほぼ」のほうが近いとした人が3割強。意外だったのは「どちらも同じ」とした人は1割に満たなかったことで、それなりに意味の差は意識されているようです。しかし今回の結果からすると、その意識は使う人によってまちまちの可能性が高く、なかなか厄介な表現と言えます。

普及は進んだ「ほぼほぼ」

「ほぼほぼ」の毎日新聞での初出は2016年。当時毎日新聞日曜版で連載されていた荻原浩さんの小説「ストロベリーライフ」の登場人物の会話の中で使われていました。それから2019年7月まで23件の使用例がありますが、ほとんどは発言の中や投稿など。記者が地の文で使った記事はなく、文章語として定着した表現ではないことが分かります。

しかし「『ほぼほぼ』を使わないので分からない」を選んだ人も2割以下という今回のアンケートの結果から見て、口頭語としては「ほぼほぼ」の定着がかなり進んでいることがうかがえます。

2017年度の文化庁「国語に関する世論調査」では「聞いたことがない」という人は31・0％。「毎日ことば」のアンケートは無作為抽出の世論調査ではなく単純に比較することはできませんが、7、8割の人にとってはもはや未知の言葉ではないというのは、うなずける数字ではないでしょうか。

「ほぼほぼ」は強調か、ぼかした表現か

肝心の意味についてですが、何かしらの根拠を持って説明することはできるでしょうか。日本語・フランス語教師、野口恵子さんの『「ほぼほぼ」「いまいま」?! クイズおかしな日本語』（光文社新書、2016年）を見ると、「『ほぼほぼ』については、本当の意味が私にはよく分からない」と諦めムードです。

これは強調なのだろうか、それとも婉曲表現なのだろうか。〈中略〉「ほぼほぼ」は「ほぼ」をぼかしたものではないかという気もする。しかし、「ほぼ」自体がはっきりしたことを言っていないのだから、それをさらに曖昧にするというのも変な話だ。

野口さんは「ほぼほぼ」について「ほぼ『ほぼ完成』」のように見て「ぼかしたものではないか」とも考えたようですが、意味の上からは「ほぼ」との差が理解できない表現と結論づけているようです。

三省堂の説明も「解釈分かれる」

「ほぼほぼ」は「三省堂辞書を編む人が選ぶ『今年の新語2016』」の大賞に選ばれています。ウェブサイトでの選評を見ると、「ほぼほぼ」は国会会議録では1949年に既に現れているとのこと。もっとも、よく使われているというわけではなく、発音も「ほぼ、ほぼ」だったかもしれないとしています。

2016年には「ほぼほぼ～真夜中のツギクルモノ探し～」というテレビ東京のバラエティー番組が始まり、朝日新聞にこの語を取り上げた記事が載り、野口さんの前掲書も出たということで、満を持しての授賞となったようです。意味については「『ほぼ』の強調、と理解して差し支えありません」とありますが、「もっとも、『強調』という説明は、実は曖昧です」と論理はひるがえります。

「ほぼほぼ完成」と言った場合、それは「もう完成に近い」という点を強調しているのか、それとも、「あくまで『ほぼ』であって完成ではない」という点を強調しているのか、人によって解釈が分かれます。

結局のところ「ほぼほぼ」の意味は安定的ではなく、言葉が使われる状況や対話のムードによって裏付けられると言えそうです。

「ほぼほぼ」は主観的という説明も

「今年の新語」のサイトでは、三省堂が出版している三つの国語辞典（三省堂国語辞典、新明解国語辞典、三省堂現代新国語辞典）の担当者が、各辞典に「ほぼほぼ」を載せるならどうなるか、説明を試みています。納得したのは三省堂現代新国語辞典のもの。語釈に加えて「『ほぼ』よりも話者自身の観点や期待がこもるぶん、話しているほうでは度合いを高めているつもりでも、受けとるほうからは不安に思われる場合もある」という説明が施されています。「ほぼほぼ」は「ほぼ」より主観的という見解で、なるほどと思います。

この説明に従うと、「ほぼほぼ完成」の場合も使う側が「完成間近」という意味を込めようとしていても、受け手は「『ほぼ完成』と言う自信がないから『ほぼほぼ』なのかな?」と受け取る可能性があるということです。今回のアンケートの結果から見ても、どう使うか、どう受け取るかは人によってまちまち。口頭の表現としてはなじみの出てきた言葉ですが、使う際にはその場のムードや相手との関係を踏まえて、精度よりも雰囲気を伝えるという形になりそうです。

5 新3文字熟語?「熱視線」は定着したか

質問
「○○に熱視線」という書き方、どう感じますか?

回答
違和感はない……33・7%
文中では変だが見出しは許容範囲……48・2%
違和感があり使うべきではない……18・0%

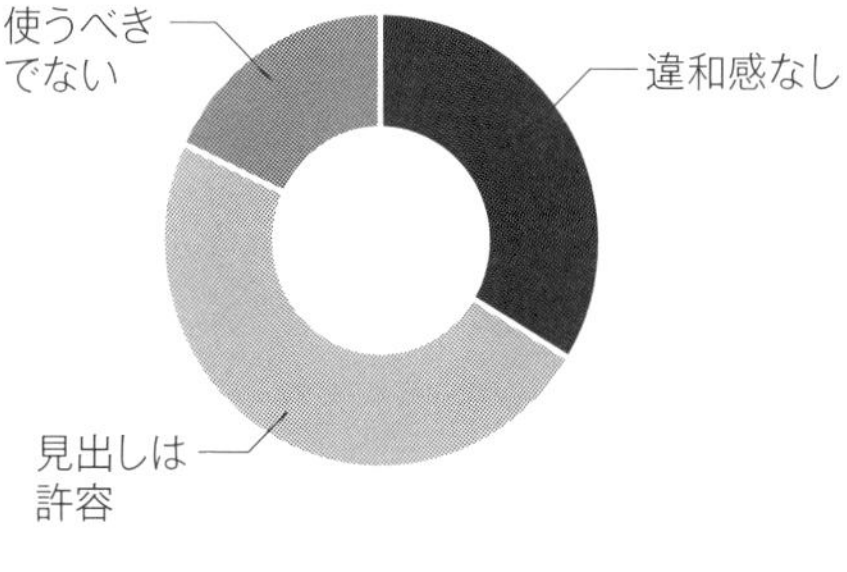

(2022/10/20掲載)

歴史きょう第一歩

日本企業も〝熱視線〟

まずは販売重視　事務所開設ラッシュ

東独

見出しに「熱視線」が使われた1990年10月3日の朝刊。ベルリンの街を特派員が紹介している

解説

「使うべきではない」が2割弱

「文中では変だが見出しは許容範囲」という回答が半数近くで、2割弱の「違和感があり使うべきではない」を圧倒しました。つい最近も「世界3位の地熱　熱視線」という見出しが毎日新聞の1面に堂々と載りました。元からある日本語ではありませんが、記事中で使うものも含め、珍しくなくなっています。

データベースで確認できる限りでは、見出しに「熱視線」が初めて登場したのは1990年10月3日です。「ドイツ統一　新たな歴史きょう第一歩　日本企業も〝熱視線〟」。世界史上極めて重要な転換点の紙面であり、見出しも考え抜いて付けたと思われます。恐らく、「熱い視線」という意味は伝わるし、引用符を付ければ見出しとしては行けると判断されたのでしょう。その後しばらくかぎかっこ付きが主流でしたが、何も付けずに使うケースも次第に多くなります。

新聞紙上から目を移してみれば、ロックバンド「安全地帯」の1985年の歌に「熱視線」があります。歌詞は「揺れる瞳に熱い視線つらぬいて」ですが、タイトルでは「い」がありません。少なくとも35年の歴史はあることになります。

小説や辞書にも登場

小説で目に付いたところでは、2022年に映画が公開された今村夏子さんの小説『こちらあみ子』（筑摩書房、2011年）で、「それをあみ子は熱視線だと思ってしまった」と出てきます。

辞書では、新語採録に熱心な三省堂国語辞典が6版（2008年）で載せました。

ねっしせん【熱視線】〔俗〕熱い視線。「スカウトが熱視線を送る選手」

俗語であることを表す〔俗〕は2014年の7版で取れました。つまり俗語扱いがなくなり、

2022年の8版に引き継がれました。もはや、新しい3文字熟語の地位を確立しつつあると言えるかもしれません。校閲としては「熱視線」を「熱い視線」に直しにくい状況にあると言えます。

新3文字熟語に「黒歴史」も

全く違う話ですが、新しい3文字熟語という共通項では「黒歴史」という語があります。これを「黒い歴史」と直すことは校閲としてできません。この言葉も三省堂国語辞典は8版で載せました。

> くろれきし【黒歴史】〈俗〉人に知られては〈困る／はずかしい〉、消したい過去。「黒歴史が明かされる」〈一九九九年、テレビアニメ「∀（ターンエー）ガンダム」から出たことば〉

「消したい過去」という語釈が振るっていますね。もっとも、「機動戦士ガンダム」シリーズの一つ「∀ガンダム」からと言い切っていますが、その使い方は今と異なっています。「∀ガンダム」の「黒歴史」は文字通り「黒い歴史」あるいは「封印された歴史」のことで、それが個人の触れられたくない過去という意味に変わり、ネットなどで多用されるようになりました。新聞でも、外部筆者原稿などで時々見るようになりましたが、まだ一般記事の見出しに使われた例はないようです。「熱視線」よりも俗語感が強く、新聞では使いにくいためでしょう。

文中で乱用は避けたい

見出しは目を引きやすい、いわゆるキャッチーなものが好まれます。「熱視線」はもはや手あかにまみれた感もありキャッチーとは思いませんが、あえて「ん?」と思わせるような見出しをつけることは読ませる手法として否定されることではないと思います。

とはいえ、「熱視線」が定着したというのは時期尚早かもしれません。今回のアンケートで「文中では変」という回答が多かったように、少なくとも記事中での乱用は避けなければならないと思いました。

6 「真逆《まぎゃく》」使いますか？

質問

よく見かける一方で嫌う人も多い、正反対を意味する「真逆《まぎゃく》」。使いますか？

回答

使う。定着した……44・4％
使うが、定着したとは言えない……11・3％
使わないが、定着はした……33・1％
使わない。定着したとは言えない……11・1％

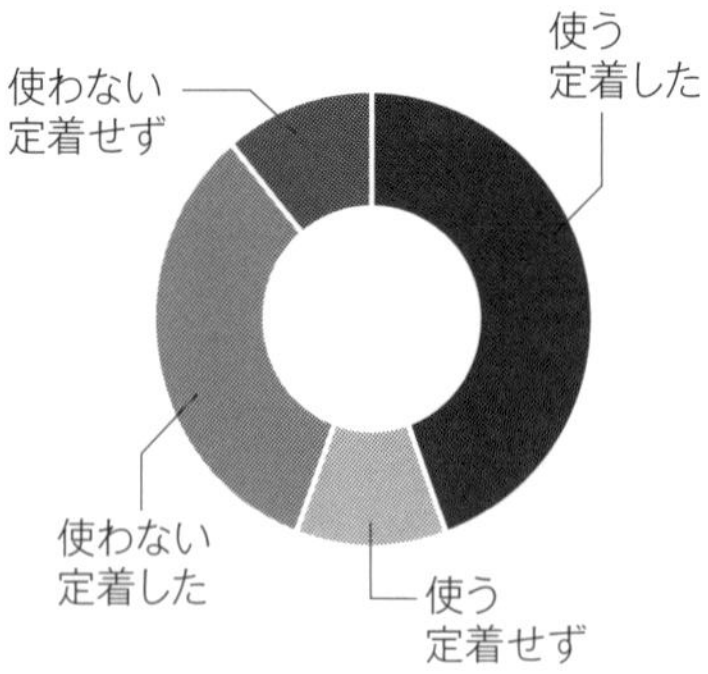

（2018/11/6掲載）

解説 定着したと考える人は4分の3超だが「使う」は55％

「使うか否か」「定着したか否か」という二つの要素を合わせた質問です。結果は「使う」という人は55％と半数をやや上回る程度でしたが、「定着した」と考える人は4分の3を超えました。

この「毎日ことば」のアンケートは、回答者を無作為抽出して行う正式な世論調査とは性格が異なりますが、それでも社会の傾向を一定程度反映していると考えます。正反対という意味で「真逆」を使うのは、もはや一般化したと言えそうです。

それにしても急速に定着が進んだものです。「真逆」は２００４年の「ユーキャン新語・流行語大賞」にノミネートされた言葉で、この時点ではまだ新語扱いでした。２０１１年度の文化庁「国語に関する世論調査」では、「正反対のことを『真逆』という」ことが「ある」と答えた人が22・１％、「ない」人が77・４％。使う人はまだ少数派でしたが、20代以下では既に過半数を占めていました。そして今回のアンケートでは「使う」という人こそ5割強ですが、全体の４分の３超が「定着した」と認めています。使わない人も認めるというところに、その定着が本物であることを感じます。

「どうして正反対と言わないのか」

国語辞典の扱いも変化がうかがえます。2008年の6版で見出し語に「まぎゃく」を採用した三省堂国語辞典は、2014年の7版でも俗語としていましたが、2018年1月に出版された広辞苑7版では「全くの逆。正反対。『真逆のことを言う』」と、注記なしで普通に使われる言葉として掲載しています。岩波書店の辞典編集部の方に伺ったところ、「真逆」は「定着した」と認識しているとのことでした。

しかし一方で、「真逆」に強い違和感を抱く人もいます。先日も、毎日新聞で「真逆」を見かけた読者の方から「非常にがっかりしました」と嘆くメールをいただきました。「どうしてみんな『正反対』と言わず、マギャクなんて言うようになったんだろう?」と嘆きの声は続くのですが、この書きぶりから察するに、この方も「真逆」が急速に広まっていることはご承知のようでした。

毎日新聞用語集では「口語体で一般化している俗語も安易に使うことはしない」としており、現状では「真逆」を無条件で通すということにはなっていません。他社には用語集に「真逆」の項目を設けて、記者に「全く逆」「正反対」などとするよう促しているところもあります。
ただし、俗語であるとも言わない辞書が増えるならば、新聞の態度も変わっていくことになるでしょう。

その後 三省堂国語辞典は2022年の8版で「真逆」の〔俗〕がなくなりました。

7 使う？「ひとごと」に対して「自分ごと」

質問

「ひとごと」に対して「自分ごと」という言葉を使いますか？

回答

使う……14・2％
使わないが、おかしくはない……15・6％
使わない。おかしな言い方だと思う……70・2％

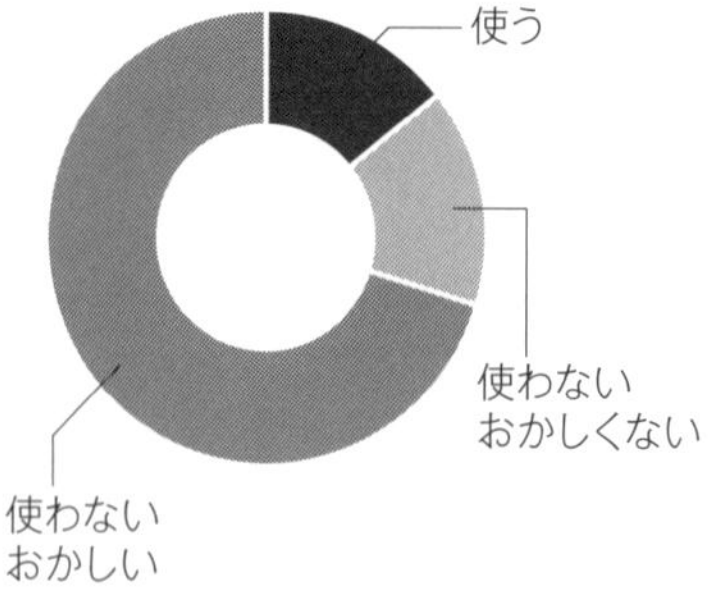

（2019/4/5掲載）

解説

ビジネス書では肯定的な扱い

正直なところ、ここまで否定的な傾向が出るとは思っていませんでした。というのは、ビジネス書や企業の管理職向けのウェブコラムなどで、キーワードとしてよく見かけるからです。従業員が仕事を「自分ごと」と捉えることで意欲も能力も上がり、企業としてプラスになるといった文脈で使われます。

『自分ゴト化』（電通インナーブランディングチーム・桑畑英紀ほか著、ファーストプレス、2011年）には「社員の一人ひとりが、会社のブランドを実現する主体であることを自覚し、当事者意識を持って行動できる状態になることを『自分ゴト化』と定義した」とあります。それができていない状態が「社員が、ビジョンや企業目標、ブランドの実現を『他人ゴト』として捉え、当事者としての関心を示さなかったり、受け身の行動しか取らないという状態」。このように「自分ごと」と「ひとごと」が対比されている――と思ったのですが、同書の図解の「他人ゴト」には「TANI-GOTO」というローマ字表記がありました。

「たにんごと」に対応した語か

「他人事」は本来「ひとごと」と読み、「たにんごと」は俗な読み方。ツイッターでは「『ひとごと』に対するのは『わがこと』」というコメントをいただきましたが、「ひとごと」でなく「たにんごと」と言ってしまえば、語調の近い「自分ごと」を使いたくなってしまうのでしょうか。法政大学での講座をまとめた『そろそろ「社会運動」の話をしよう』（田中優子編、明石書店、2014年）の副題は「他人ゴトから自分ゴトへ。社会を変えるための実践論」。書名にルビは振られていませんが、図書館のデータベースなどで検索すると、やはりこの「他人ゴト」は「たにんごと」と読むようです。「自分ごと」は、俗読みの「たにんごと」に対応する俗語と位置付けられるのかもしれません。

「個人的な問題」としての「自分ごと」も

ツイッターではまた、「私事（わたくしごと）」の意味で「自分ごと」が使われることがあると教えていただきました。毎日新聞でも、1996年に作家の水上勉が「ここで、自分ごとに少しふれておく」と導入に使っている例がありました。だとすると「自分ごと」には、「他人だけの問題ではない、自分の問題でもある」という使い方と「自分の問題であって、他人の問題ではない」という使い方があることになります。

これはやはり誤解のもとになりうるでしょう。例えば「健康は自分ごとだ」といったら、「自分も体に気をつけなきゃ」と言っているのか「自分の体のことは他人には関係ない」と言っているのか、両様に解釈できてしまいます。

使用は避けた方が無難

そういう事情も踏まえ、アンケートの結果の通り、少なくとも新聞では「自分ごと」は基本的に使わないほうが無難でしょう。ビジネスのキーワードとして使われたり、誰かの発言として引用されたりする場合には、かぎかっこをつけて特殊な語であることを明示するなどの対応があったほうがよさそうです。

8 定着進む「共感、感動」の「刺さる」

質問

「この映画は『刺さる』作品だ」といったらどういう意味でしょう?

回答

胸が痛むつらい作品……4・3%
共感、感動できる作品……52・1%
文脈による……30・6%
「刺さる」をこのように使わない……13・1%

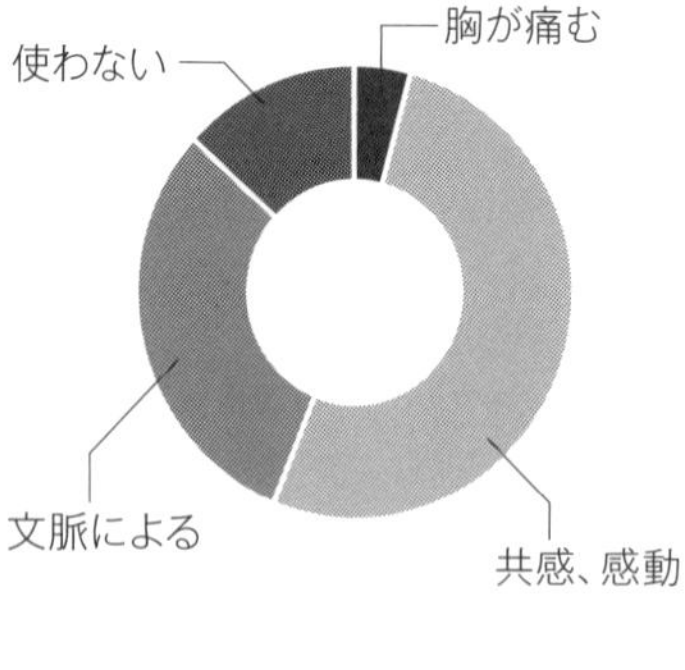

(2020/4/24掲載)

解説

「共感、感動」が浸透

「共感、感動できる」という意味だとする回答が過半数を占めました。国語辞典で説明される意味としては新しいものなのですが、この使い方になじんでいる人は多いようです。「文脈による」とした人も、一定数はこの意味で捉えるでしょうから、かなり浸透していると言えるのではないでしょうか。

2015年の「今年の新語」の一つ

「三省堂辞書を編む人が選ぶ『今年の新語2015』」で9位となったのがこの「刺さる」。「三省堂現代新国語辞典風」というその語釈は、

①先のとがったものが、ほかのものの中にくいこむ。「とげが刺さる」②強い刺激をあたえる。「その一言が胸に刺さった」③深く納得したり、共感したりできる。「刺さるキャッチコピー」「なんも刺さらない答辞」［用法］①②が、傷つけるものであるのに対して、③は、感動したり、

自分にとってよいと思えるものについて言う。

となっています。③が新しい意味ですね。

「今年の新語」につけられた選評で注目すべきなのは、新しい意味の「刺さる」は、「胸に」「心に」といった言葉なしに使われるという分析です。そうだとすると「胸に／心に刺さる」は「傷つく」意味、「刺さる」単独の場合は「感動する」意味、と形から判別できるということでしょうか。

「胸に／心に刺さる」にも「感動」の意味

2019年に出た三省堂現代新国語辞典6版を見ると、②に当たる記述がありません。③に当たる部分は「深く納得できるような感動や印象をあたえる」と説明されています。

また「胸に刺さる」という項目を見ると「[するどいことばなどが]心に深くとどく。心に刺さる」と説明されています。「深くとどく」という説明には、「納得」のニュアンスが感じられます。岩波国語辞典8版でも「刺さる」の③の語釈で「驚きや感動を強く与える。『心に刺さる言葉』」とあります。「胸に／心に刺さる」であればマイナスの意味、とは言い切れません。

そして「刺さる」を単独で使用した今回の例文で「文脈による」と回答した人が3割いると

いうことは、「胸に」「心に」がないからプラスの意味だ、と読む人ばかりとは限らないということ。形を見ただけで意味を判別できるほど単純ではないようです。

誤解の余地がないかは要注意

以上のことを踏まえると、新しい「刺さる」は十分に定着した表現で、話し言葉などで登場した場合に説明をつけるほどの対応はもはや不要かもしれません。ただし反対の意味に取られてしまわないか留意は必要でしょう。

「先輩の言葉が刺さった」のような場合、傷ついたのか感動したのか文脈から読み取れなければ問題です。校閲としてはこういう場合には言い換えをすすめる必要があるでしょう。

9 今後も続きそうな「義実家」問題

質問

夫ないし妻の実家のことを、一般名称として「義実家」と呼ぶのをどう感じますか?

回答

問題ない……14・4%

違和感はあるが、他に呼び方がないので許容範囲……31・6%

おかしい。ほかに呼び方はないが、使わない……7・9%

おかしい。「夫ないし妻の実家」などを使う……46・1%

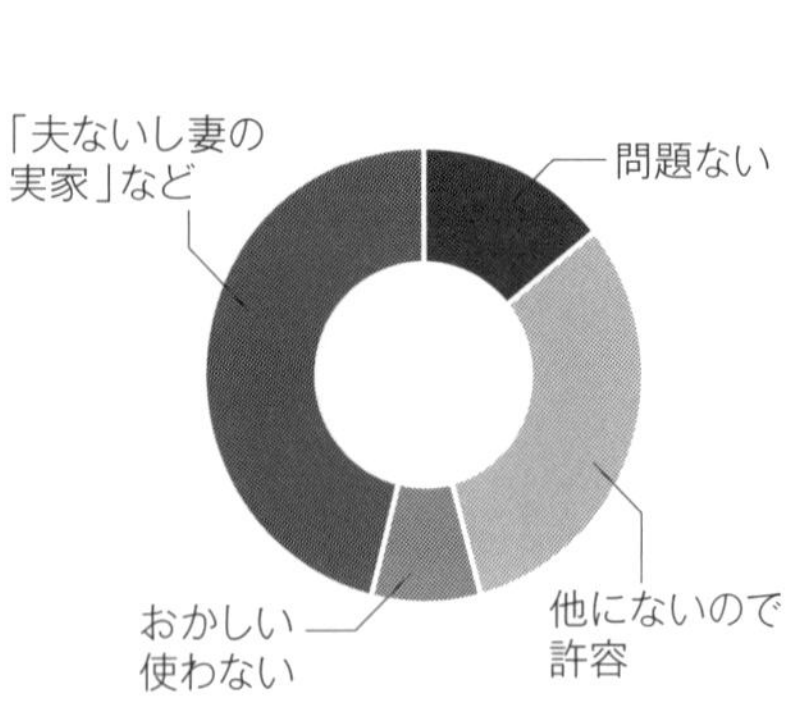

(2020/12/25掲載)

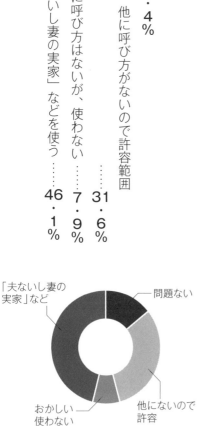

解説

「おかしい」が過半数だが…

「おかしい」とした人が過半数を占めましたが、「問題ない」と「許容範囲」という人を合わせると46％の人が「義実家」を使うことを認めています。やはり「ほかに呼び方がない」という事情が、この一見奇妙な言葉を流通させる背景にあるのでしょう。

21世紀に生まれた言葉

そもそも「義実家」はいつごろ使われ出した言葉なのか。1970年代から2000年代までの用例を集めた国立国語研究所『現代日本語書き言葉均衡コーパス』少納言」で検索すると、該当するのは2005年の「Yahoo!知恵袋」と2008年の「Yahoo!ブログ」の用例のみでした。

そもそも「配偶者の実家」という考え方が、比較的新しいものなのでしょう。家制度の下で「嫁入り／婿入り」が当たり前だった時代であれば、嫁いだ／婿入りした人は婚家に属することになるので、配偶者の父母の家はすなわち自身の家ということになります。婚家の側から相手の実家を意識する仕方にしても、今ほどは相互に行き来があるわけでもなく、呼び方も「里《さと》」と言ったり家名で呼んだりするのが普通だったのではないかと思います。「義実家」という呼称の問題は、家制度が緩んだために生まれたものと言えそうです。

辞書の見出し語にも登場

2021年1月刊行の明鏡国語辞典3版は、この「義実家」という言葉を見出し語として採録しています。

ぎじっか【義実家】〔新〕夫または妻の実家。▽新しい言い方で、違和感を持つ人も多い。

この説明、いかがでしょうか。〔新〕とあるのは凡例によると「新しく生まれた語や意味」。従来なら「卑俗な語、新しい語」として〔俗〕のマークが付されていた言葉が、3版では〔俗〕と〔新〕とに分けられています。

しかし、〔俗〕と書いてあったなら俗語として使用をためらう人でも、〔新〕であれば新たに認められた語と考えて、使用に背中を押される場合もありそうです。「義実家」の項目は「違和感を持つ人も多い」と注記されています。これは読者に判断を委ねるための情報と受け止めますが、それならばもう少し説明を増やして、なぜ違和感を持つ人も多いのかも書いてくれてもよかったたか、と感じます。

新聞では使用を避けたい

「義」と「実」は相いれないものを説明する文字で、これらを同居させた言葉で一つのものを説明しようというのは、だいぶ難しく感じます。「義家」「義理家」のような言葉が必要なのかもしれませんが、いずれも使用する人はほとんどいないようです。

今回のアンケートの結果では、許容するという人も多く見られました。適切な言葉がない場合には、言葉としてこなれていなくても意味が通じれば問題ないとして、「義実家」も使われているのでしょう。「おかしい」と考える人が半数を超えた結果にかんがみても、当面、新聞として容認できる言葉ではありませんが、今後の使われ方が気になるのは確かです。

10 「見える化」は定着も、使用には要注意

質問 仕事の進み具合などを見て分かるようにすることを「見える化」と言うことがありますが、どう感じますか？

回答
気にならない。定着している……29・3％
気にならないが、定着したとは言えない……8・5％
気になるが、定着している……49・5％
気になる。定着したとは言えない……12・8％

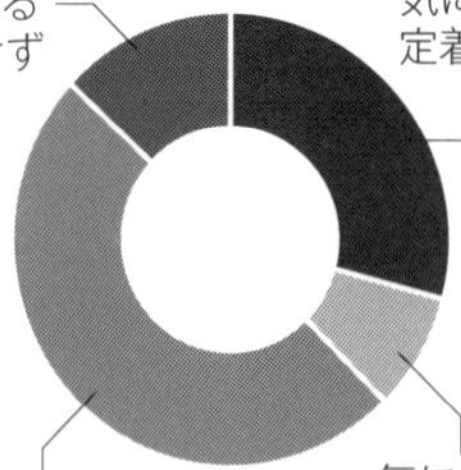

（2022/10/27掲載）

解説

8割は「定着」だが、「気になる」人も6割超

回答を「気になる／気にならない」「定着している／したとは言えない」で分類し直すと、次のようになります。

・定着している……78・8％
・定着したとは言えない……21・3％

・気になる……62・3％
・気にならない……37・8％

「気になる」という人が6割を超えており、定着したと見なされてはいるものの、必ずしも好感を持たれる言葉ではない、と言えそうです。

2021年度の文化庁「国語に関する世論調査」では、「他の人が使うと気になりますか」という問い方で「見える化」について尋ねています。その結果は「気になる　40・3％／気にならない　56・3％」。今回のアンケートより気になる人の割合は小さいものの、やはり一定数の人にとっては気になる言葉であることが示されています。

トヨタ自動車から広まった語

「見える化」は元々、トヨタ自動車の社内用語に由来すると言われます。それ自体が他所からの流用なのかは分かりませんが、経営用語として使われ出したことと、トヨタから広まったことは間違いなさそうです。毎日新聞での初出は２００４年。これは経営者の言葉として掲載されたものです。

国語世論調査で「気になる」と答えた人の割合は、年代別だと10代（60・８％）と70歳以上（52・９％）で多くなっています。新しい言葉であると同時に、経営というオトナの世界に属する言葉であるということがにじむ結果だろうと思います。

ツイッターでは、「見える化」が気になるとみられる人から、「可視化」と言えばよいだろう、という声が寄せられました。ただし「可視化」も、そう古くから使われている言葉ではありません。国会会議録検索システムでの初出は１９８８年。その時も「カシカ」では分かりにくいと感じたのか、発言者は「ビジブルにする」と言い直しています。毎日新聞での初出も１９９３年で、決して古くからなじみのある言葉ではありません。もっとも、「動詞＋化」の形である「見える化」が普通の語形でないのに比べれば「可視化」は形としての違和感はなく、

「見える化」が気になる人はこちらで代替するとよさそうです。

首相の演説にも登場

「公的価格においても（中略）見える化を行いながら、看護、介護、保育をはじめ、現場で働く方々の処遇改善や業務の効率化、負担軽減を進めます」――これは２０２２年10月の臨時国会冒頭、岸田文雄首相が所信表明演説で述べた言葉です。ことほどさように「見える化」は定着している、とは言えるでしょう。今回のアンケートの結果を見ても、もはや避けて通れる言葉ではなさそうです。

とはいえ、国語世論調査と併せ見ても、「気になる」人が半数前後いるというのも確かです。「見える化」を使わなければ話が進みにくい、といった特段の事情があるのでないかぎり、普通は「可視化」ないし「見えるようにする」などと別の言い回しを用いるほうが違和感を与えにくい、ということは心得ておくとよいでしょう。

11 「ラグい」――2割弱は「使う」と回答

質問
「ラグい」――意味は分かりますか?

回答
分かるし、使う……18・0%
意味は分かるが、自分では使わない……15・1%
分からない……66・9%

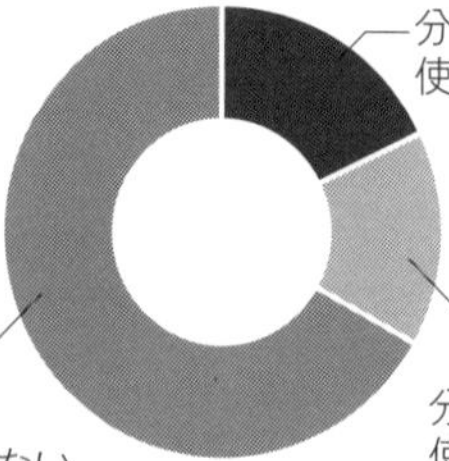

(2022/1/7掲載)

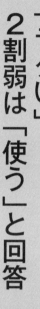

解説

「分からない」が3分の2占める

「分からない」とする人が3分の2を占めました。ただし、「意味は分かる」とする人が合わせて3分の1、「分かるし、使う」とする人も2割弱と一定数を占めるという結果になりました。

通信で生じる「ずれ」を表す語

「ラグい」とは英語の「ラグ」(lag) を形容詞化したものです。語源の「ラグ」は「遅れ。ずれ」(大辞泉2版) のこと。「互いに関連する事柄の間に起こる、時間のずれ」(同) を意味する「タイムラグ」という形で用いられます。

「ラグ」から派生した「ラグい」も「時間のずれがある」という意味で使われます。インターネット回線の混雑などで通信が遅れ、画面の動きが遅くなったり固まったりした時に使い、これまでは主にオンラインゲームの世界で用いられていたようです。

「Yahoo!知恵袋」で2005年に「ラグい」の意味を尋ねる質問が見受けられたことから、言葉としては15年以上前から存在していたと考えられます。その後、2020年からの新型コロナウイルス禍でウェブ会議などが普及したことにより、それらの画面の動きの遅れにも「ラグい」を使うなど使用の幅が広がったと言えます。

増えている? 外来語由来の形容詞

これまで外来語が形容詞化した言葉は「エロい」「グロい」「ナウい」の3語くらいだと言われており、形容詞の形になるのは珍しいことでした。しかし、ここ最近は増えてきているようです。

2016年、「三省堂辞書を編む人が選ぶ『今年の新語』」の第2位に「エモい」が選ばれました。「エモい」はすでに辞書にも採用されており、2019年の大辞林4版には「〔感動を意味するエモーション(emotion)から〕(主に若者言葉で)心に響く。感動的である」とあります。8年ぶりに改訂された三省堂国語辞典8版(2022年1月刊行)にも「心がゆさぶられる感じだ」という意味で収録されました。よく聞くようになりましたし、複数の辞書に採録されたことからも普及が進んでいると言えるでしょう。

また2021年の「今年の新語」大賞には「チルい」が選ばれました。「チルアウト」(chill out、落ち着くこと。気を静めること=デジタル大辞泉)の「チル」を形容詞化したもので、「気持ちが落ちついてくつろげるようす」などの意で使われるようです。三省堂国語辞典8版には「チル」の見出し語で「のんびりとくつろぐこと」の語釈とともに、「形容詞化して『チルい』、動詞化して『チルってる』とも」の注記も載りました。出題者は耳にしたことがある、という程度で意味は知りませんでしたが、今後定着するのか注目されます。

普及の途上にある言葉か

今回のアンケートでは「分からない」が多数を占めたことから広く浸透しているとまでは言えないものの、出題者の予想よりは「分かるし、使う」人が多いと感じました。ちなみに20〜30代の同僚に「ラグい」について意味が分かるかどうか質問してみたところ、約4割が「分かる」と答えました。

入社1年目の2人はどちらも「分かるし、自分でも使う」ようで、「ラグってる」とも言うとのこと。出題者はコロナ禍で動画サイトを見る機会が増え、ゲームの実況をする動画の中で耳にしたのですが、同じようなシチュエーションで知ったという人もちらほらいました。アンケートでも「意味は分かる」という人が一定数いたことを考えると、普及の途上にあるとも言えそうです。

第3章

どこまで直す？「馬から落馬」的な言葉

1 文字にすると違和感が増す「違和感を感じる」

質問
「違和感を感じる」という表現に違和感はありますか？

回答
違和感はない……16・4％
話し言葉ならよいが、書き言葉だと違和感あり……42・1％
話し言葉でも書き言葉でも違和感あり……41・4％

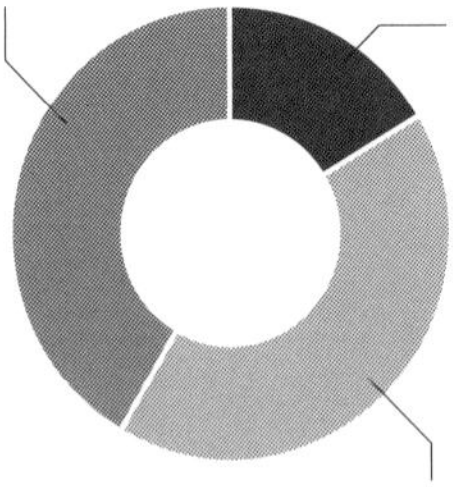

（2022／1／4掲載）

解説

8割以上は「違和感あり」

書き言葉に関していえば8割以上が「違和感あり」と回答しました。「感」の重なりが気になるという人が予想以上に多いという結果となりました。

「おかしくない」とする辞書も

機械的に「違和感がある」もしくは「違和感を覚える」にするというルールを作ってしまえば楽かもしれません。しかし簡単にはその措置に踏み切れない理由を並べてみましょう。

明鏡国語辞典3版には「『違和感を感じる』は、重言だが広く使う」とあります。明鏡には「重言のいろいろ」というコーナーがありますが、「違和感を感じる」は「『不適切な重言』ではないもの」という区分に入っています。重言であることは認めるけれども、表現としてはおかしくないという立場です。

三省堂国語辞典8版では「『違和感を感じる』は重言とされるが、『快感を感じる』など、同様の言い方は昔からふつうに使われる。『違和感を覚える』とする方法もあるが、意味は同じ」

と説明しています。

新聞協会でも議論に

２０２１年11月に開催された日本新聞協会の新聞用語懇談会でも同様の意見が出ました。「罪悪感を感じる」「危機感が感じられない」といった表現でも「感」は重なっているのにあまり問題とされず、「違和感を感じる」だけがやり玉に挙げられている▽「感じる」と「覚える」で意味が変わるわけではない以上、「違和感を覚える」に直すのは小手先のその場しのぎに過ぎない――。

どうでしょう。「違和感を感じる」は全て「違和感を覚える」「違和感がある」に直してしまえ、というのはためらわれませんか。

「理屈ではそうだとしても、やっぱりくどい」という人もいるでしょう。実際にアンケートでは多くの人がそう感じていますし、新聞・通信社の中には「違和感を感じる」を使わないようにしているという社も一定数あります。

文章では避けるほうがよさそう

文化庁の文化審議会国語分科会が２０２１年に出した報告「新しい『公用文作成の要領』に向けて」の中でも、「違和感を感じる」は「違和感を覚える、違和感がある」に直すように例示しています。ただしこれは「冗長さを避ける」という項目の中で、「むやみに用いないようにする」と説明されているものです。誤った表現ではないけれども、冗長であるため公用文にはなじまないというわけです。

公用文に限らず、他人に見せる文章で「違和感を感じる」を使うと「冗長だな、洗練された文章ではないな」と思われてしまうかもしれません。新聞の読者になるべく違和感を与えないことを目指す校閲記者としては、今回のアンケートも踏まえ、「違和感を感じる」は基本的に避けたほうがよさそうです。ただし「これは誤用だ！　使ってはいけない！」とは断定しない。それくらいのスタンスが妥当ではないかと感じます。

column

「まだ未定」

つぶやき写真

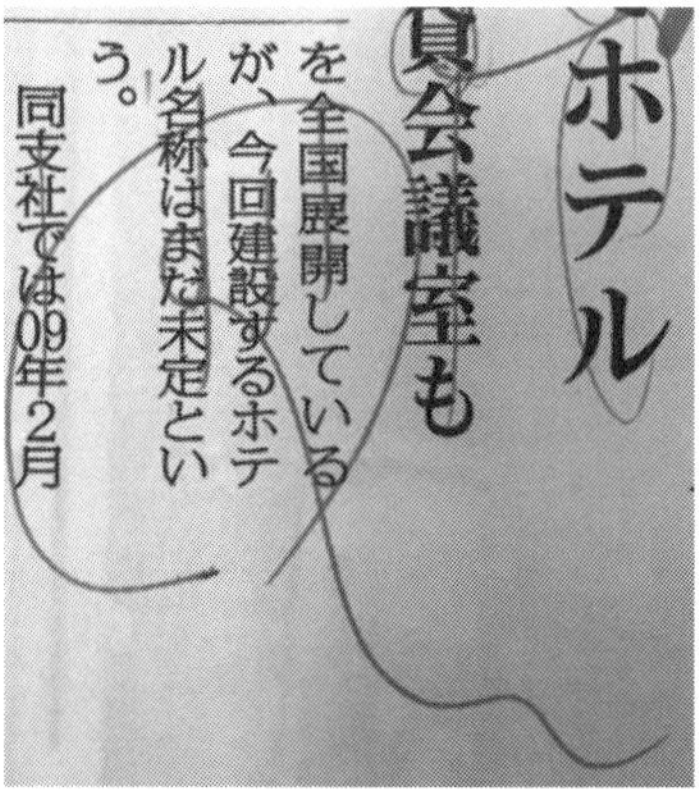
ホテル
員会議室も
を全国展開している
が、今回建設するホテ
ル名称はまだ未定とい
う。
同支社では09年2月

「未定」は書き下し文にするとしたら、「未《いま》だ定まらず」でしょうか。「まだ未定」とすると、「まだ」と「未だ」が重複してしまうので、「まだ」を取りました。同様に「まだ時期尚早」や「まだ未解決」を「時期尚早」「未解決」と直したりしています。話し言葉だとすっと通ってしまうものですが。

2 「犯罪を犯す」――重複は罪なりや？

質問
「犯罪を犯す」という書き方、どうしましょう？

回答
「犯」がダブるので「罪を犯す」にすべきだ……49・5％
「犯」がダブるので「犯罪をする」にすべきだ……5・1％
「歌を歌う」と同じで問題ない……45・5％

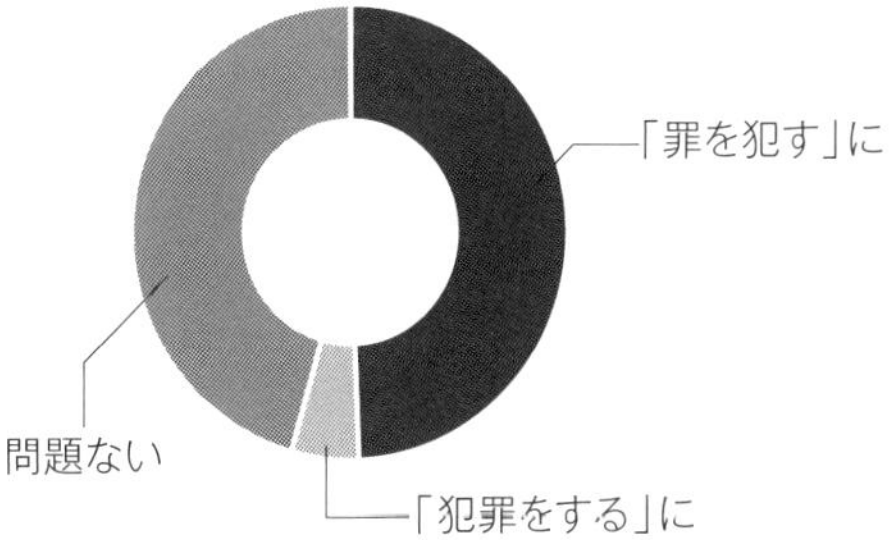

（2022/11/17掲載）

解説

容認派が半数近く

「『犯』がダブるので『罪を犯す』にすべきだ」と「『歌を歌う』と同じで問題ない」でほぼ二分という結果になりました。思ったよりも容認派が多かったという印象です。

言い換えがしにくい、という事情があるのかもしれません。

「犯罪をする」とはあまり聞かないし、「罪を犯す」はなんかちょっと違う気がする――と思った人が多かったのではないでしょうか。もっとも、「犯罪を行う」などと選択肢を増やしておけば「問題ない」の率は多少減ったかもしれません。

用語集から消えた規定

毎日新聞用語集の1992年版では「犯罪を犯す→罪を犯す」と直すことになっていました。この規定は、次の1996年版でなくなっています。やはり機械的に直すことに抵抗があったのでしょう。

とはいえ、用語集になくなったというのは「どんどん使いなさい」ということではありません。最近も、記者から「犯罪を犯す」は使っていいのか、「罪を犯す」と直していいのかと相談されました。「犯罪を犯す」「罪を犯す」ともに、使用へのためらいが感じられました。

そもそも「罪」と「犯罪」はどう違うのでしょう。「罪」を新潮現代国語辞典2版はまず「してはならない行為・行動」と定義します。そのうえで「犯罪」「悪い行為に対する責任」などの細かい意味を加えた上で「牢屋《ろうや》にいれられる事だけが罪ぢやないんだ」という太宰治『人間失格』の例を挙げます。罪のほうが犯罪より広い概念と理解できます。

明鏡の重言分類で「適切」

では「犯罪を犯す」でいいのか。明鏡国語辞典3版の「重言のいろいろ」では、「『～ヲ』に〈動作・作用の結果に生じたもの〉がくる、結果目的語の適切な用法であるもの」という分類に、「歌を歌う」などと並べて「犯罪を犯す」も挙げており、「犯罪を犯す」を「適切」とする立場です。実際、「犯罪」の項にも「犯罪を犯す」という用例を示しています。

「ノーベル賞受賞」は違和感ない

言語学者、山田敏弘さんの『その一言が余計です。――日本語の「正しさ」を問う』（ちくま新書、2013年）には「さまざまな重言」という項があります。「犯罪を犯す」はありませんが、次のリストが示されていますので不適切と思われるかどうか考えてみてください。

①馬から落馬する。
②足の骨を骨折する。
③彼の言ったことに違和感を感じた。
④山中教授がノーベル賞を受賞した。
⑤まず最初に、…。また、次に、…。そして、最後に、…。
⑥自動車から排出される排気ガス量を測定する。
⑦子どもたちが、小学校から下校する。

著者の山田さんは「答え」を示しません。その代わりにこう記します。「『違和感』と『感じる』には、同じ発音の同じ漢字が使われていますから、奇異に感じる人も少なくないでしょう」山田さんは続けます。「しかし、これとて、最近さまざまな『ことば咎《とが》め』の類書に書いてあったから変だと思っているにすぎないのではないでしょうか。なぜならば、同じように『賞』を二回含む④に、違和感を持つなどということは稀《まれ》だからです」「ここから、同じ読みの漢字だからだめということではなく、気にしているからだめということがわかります」

確かに、日本語の「正しさ」からではなく「だめという人がいる」から直すという場合は少なくない気がします。

字のダブリ自体よりも気をつけるべきこと

新聞の場合、「スペースが限られるから、なくても済む語は省く」ということが重言を避ける理屈づけとされることが多いようです。ただその根拠も、ウェブ向けの記事が大量になってきた現在では揺らいでいると言えるかもしれません。

しかし、字数制限が緩やかになっても冗長な文章は避けるべきだというのは不動の心得でしょう。問題は、何が冗長かです。単に「ダブりだから」「だめという人がいるから」――ではなく、「通じやすいか」「不自然でないか」を軸に判断すべきだと思います。

「字のダブりが気になるなら『犯罪をおかす』と一方を仮名にすればいい」という意見もあります。確かに「抱きかかえる」「日にち」など、ダブり感をなくす対処が好まれる語は少なくありませんが、「おかす」の仮名表記は一般的ではないように思われます。

さて、ある原稿で「犯罪を犯した疑い」という文言について聞かれた際、「決して間違いではありませんが、『犯罪の疑い』でいいのでは」と答え、その通りに直りました。許容範囲の重言なのかもしれませんが、対処のしようが全くないわけではないのです。

column

「コンビ2人」

つぶやき写真

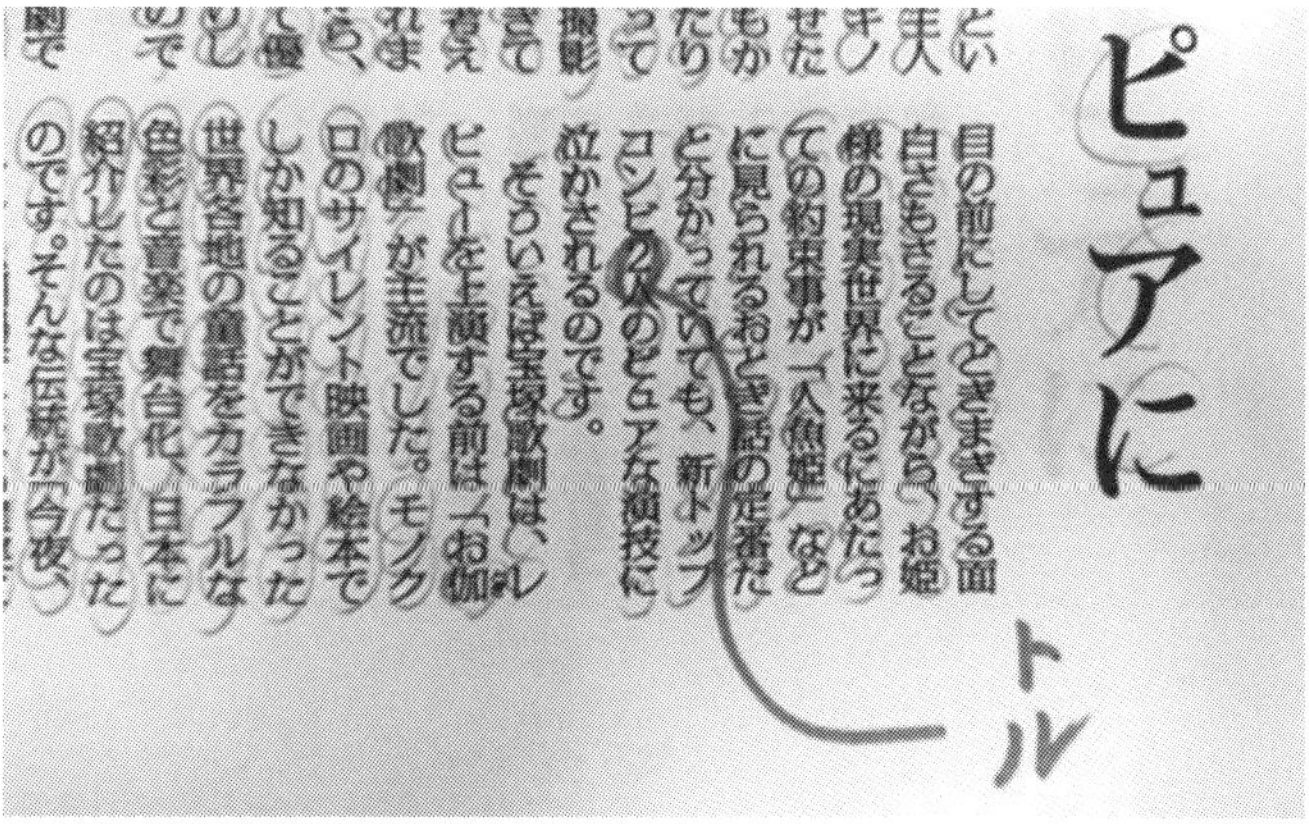
目の前にしてどぎまぎする面白さもさることながら、お姫様の現実世界に来るにあたっての約束事が「人魚姫」などに見られるおとぎ話の定番だと分かっていても、新トップコンビ2人のピュアな演技に泣かされるのです。
そういえば宝塚歌劇は、レビューを上演する前は「お伽歌劇」が主流でした。モノクロのサイレント映画や絵本でしか知ることができなかった世界各地の童話をカラフルな色彩と音楽で舞台化、日本に紹介したのは宝塚歌劇だったのです。そんな伝統が今夜、

意味が重なる「重言」にもいろいろあります。「コンビ2人」の「2人」も基本的には不要でしょう。「コンビ」はコンビネーションの略で、「何かをするについての二人の組合せ」（新明解国語辞典8版）という意味です。

「後で後悔する」や「製薬メーカー」などのように言葉を重ねて使う意味がなく、表現が冗長になるものはそれぞれ「後で悔いる」「製薬会社」などと直しています。一方で完全に意味が重なっているか微妙なものや、強調していると考えればよいものもあり、一度立ち止まってよく考えることが大切です。

3 「楽観視」の「視」は必要？

質問

きっとうまくいく、と明るい気持ちで先を見通すのは……。

回答

楽観視する……31・7％
楽観する……47・5％
いずれも言う……20・9％

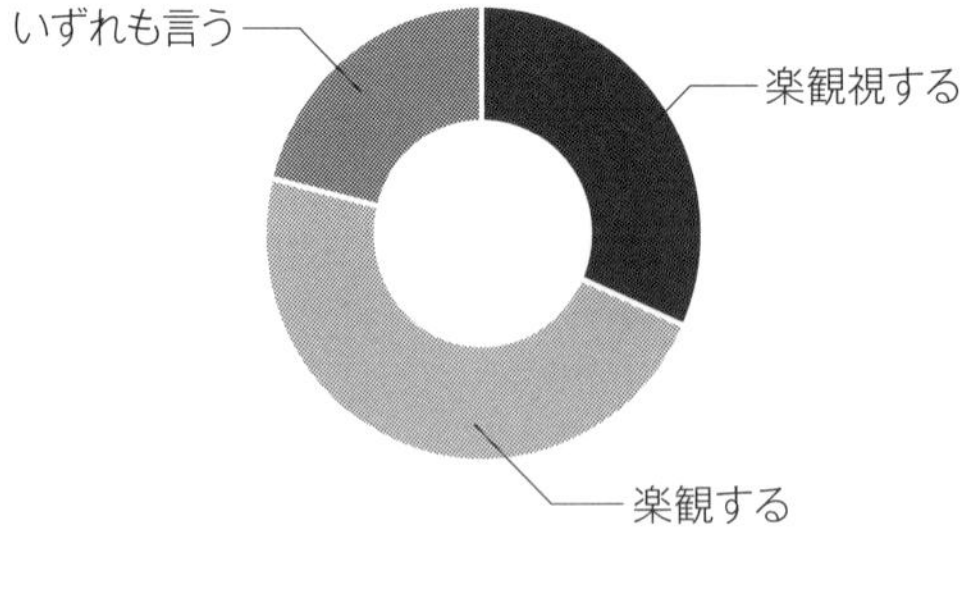

（2018/7/27掲載）

解説

「楽観する」が多数派だが「楽観視」許容は過半数

「楽観する」が「楽観視する」を上回りましたが、両方を使うという人を含めると「楽観視する」を許容する人が過半数に達しました。

日本新聞協会の「新聞用語集」では「楽観視」を重複表現と見なし、「楽観（する）」と直すよう促しています。毎日新聞用語集も同様です。

ただし、近年は「楽観視」をとがめない新聞社や通信社もあり、一概に直すべきものとしない考え方が強くなってきているようです。

口頭語としては、かなり前から使われている言葉です。国会会議録検索システムによると、「楽観視」の最初の例は1949年、第5回の衆議院本会議。「国内の不況は、この農業の金融恐慌から起ることを、政府はあまりにも楽観視いたしておるとしか考えられません」（竹山祐太郎衆議院議員）という発言が見られます。「楽観視」は話し言葉では、少なくとも戦後すぐには、国会のような改まった場においても使われていたことが分かります。

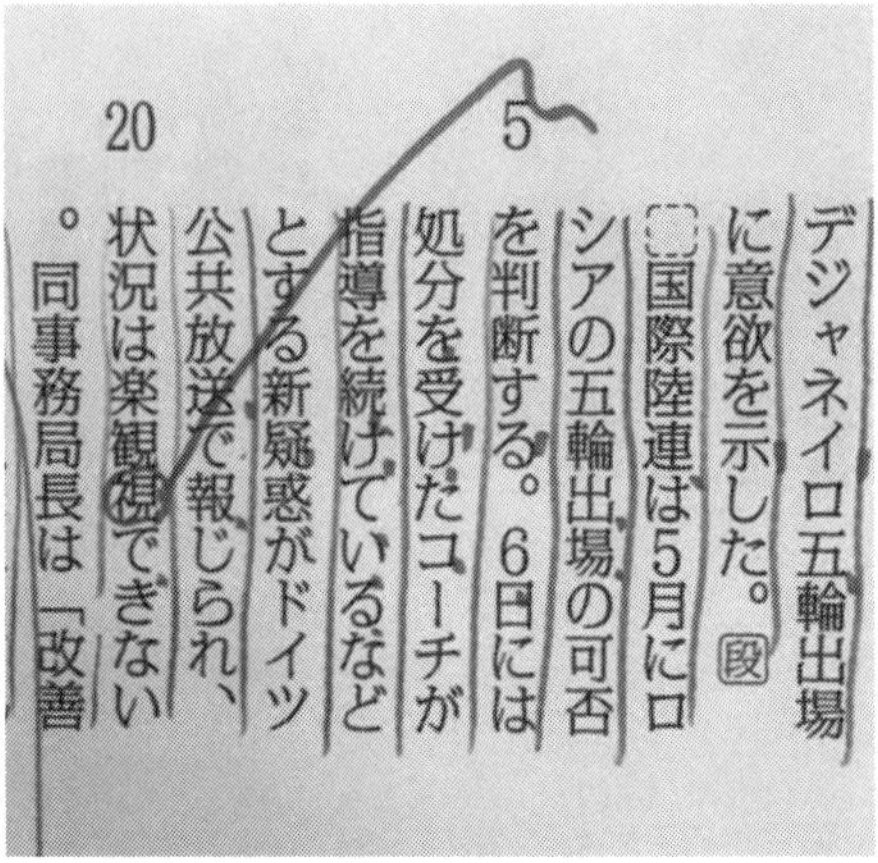

デジャネイロ五輪出場
に意欲を示した。㊦
□国際陸連は5月にロ
シアの五輪出場の可否
を判断する。6日には
処分を受けたコーチが
指導を続けているなど
とする新疑惑がドイツ
公共放送で報じられ、
状況は楽観視できない
。同事務局長は「改善

毎日新聞では「楽観視」を「楽観」に直すことにしている

重複表現と考えない新聞・通信社の見解は「慣用表現として定着した」「使用例が多い」といったものです。しかし、「楽観する」と言うことができる以上、「楽観視」とする必要がない、という考え方も有力です。似た言い回しに「客観視する」がありますが、こちらは「客観する」として使われることがごく少ないので、同列に論じることはできないでしょう。

アンケートの結果を踏まえても「楽観する」が多数派ですし、基本的な立場としては、従来通り「楽観視する」は退けたいと考えます。ただ、口頭語としての使用実態を考えると、地の文でなく、発言の中で出てきた場合にも必ず直すかどうかは迷うところです。

4 「過半数を超える」を直すべきか

質問

与党の議席が「過半数を超える」かが焦点だ――この表現、どうでしょうか？

回答

「半数を超える」としたい……15・5％
「過半数に達する」としたい……38・8％
右二つのいずれかにしたい……31・8％
「過半数を超える」で問題ない……13・8％

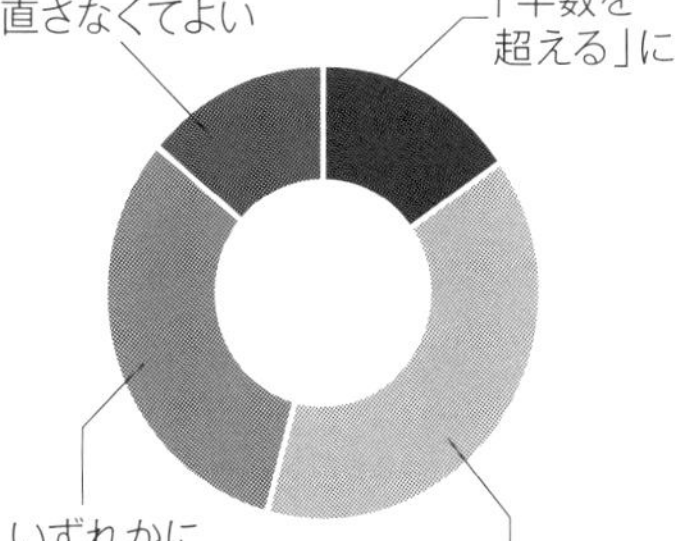

（2021/7/20掲載）

解説

「過半数を超える」は重複表現

毎日新聞用語集は「誤りやすい表現・慣用語句」の欄で、「過半数を超える」について「半数を超える、過半数に達する」と言い換えるように案内しています。「過」と「超」がいずれも、ある水準を上回る意味を表すため、重複表現になるからです。新聞・通信社の用語集もほぼ同様ですが、日経新聞の用語集は言い換えの案内に加え、次のように記しています。

選挙の際など半数を超えるかどうかが関心の的になっている場合は、強調表現として「過半数を超える」または「過半数を割る」などを使うこともある。

たとえ重複表現になるとしても、意味を際立たせるために「過半数を超える」を使う場合はありうる、との立場です。新聞社でこのように「強調」として重複表現を認めるのは珍しい例だと思います。

確かに、重複表現というものは「誤り」というわけではありません。新聞では簡潔な表現を心がけるため、また字数を無駄に増やさないために重複表現を避けるようにしていますが、一般的には、あえて使うということもあり得るだろうと考えます。

ポイントの数字を超える場合はOKか

ところで「過半数を割る」のほうは重複表現ではありません。毎日新聞では、元々過半数の議席を持っていた政党などが、選挙で敗れて過半数に届かなくなった場合、しばしば「過半数を割る」「過半数割れ」という言い方をします。

ＮＨＫのことばのハンドブックは、日経新聞の用語集より少し詳しく説明しています。

過半数を超える・過半数割れ
（前略）選挙の際など、「半数より1だけ多い数」を超えるかどうかが関心の的になっている場合は、「過半数を超える」または、「過半数割れ（〜を割る）」という表現もありうる。
「過半数以上」は使わない。

例えば２０２１年７月の東京都議選では、定数１２７の半数は63・５です。それをぎりぎりで上回る整数は64なので「半数より1だけ多い数」というと不正確な感じはしますが、「過半数」というポイントの数字が話題になっており、それを超えるか超えないかと考える場合には「過半数を超える」という表現もあり得る、というのは理解できるように思います。

5 「高い注目を集める」どこが変？

質問 多くの人が視線を注ぐ。「高い注目を集める」という表現、どこか気になりますか？

回答

「高い注目」に違和感がある……60・2％
「注目を集める」に違和感がある……11・8％
いずれにも違和感がある……19・5％
違和感はない……8・5％

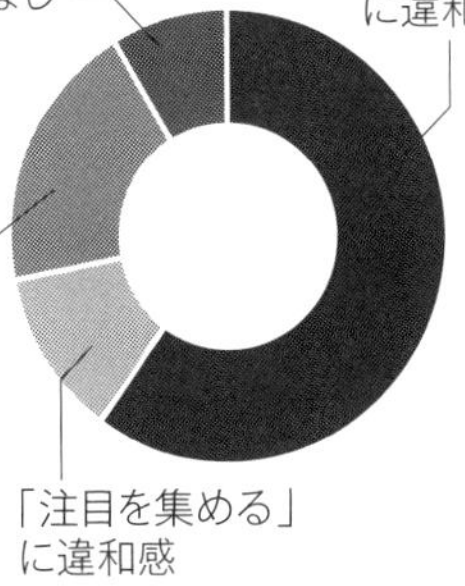

（2019/6/28掲載）

解説

「高い注目」には8割が違和感

「高い注目」はおかしいと感じる人は、「いずれにも違和感」を選んだ人を含めて8割を占めました。一方、よく使われる「注目を集める」にも違和感ありという人が3割。よく使う言い回しでも立ち止まって見直す必要があるかもしれません。

「注目を集める」は混用か

「注目」は「目を向けてよく見ること。注意して見ること。関心をもって見守ること。注視」（日本国語大辞典2版）。「注目する」と動詞としても使われます。多くの人から注目されることを「注目を集める」と言いますが、これに対してはほかの言い回しとの混同から生まれた言葉だという見解があります。

ＮＨＫ放送文化研究所のウェブコラム「ことばウラ・オモテ」の「見方を変える」という回で、「『視線を集める』『注目を浴びる』と混用されているのが『注目を集める』です。多くの人はおかしいと思わないようですが、一部に強い反対があります」と紹介されています。

用例は「注目を集める」が他を圧倒

しかしこの「注目を集める」は現状として、誤りとはとても言えないほどよく使われています。2009～2018年の10年間について毎日新聞の記事データベース（東京本社版、地域面除く）を見ると、使用例は3390件（活用形を考慮して「注目を集め」で検索、他も同様）。似たような使い方をされる「視線を集める」（47件）、「耳目を集める」（168件）、「衆目を集める」（17件）と比べると、差は歴然としています。

多くの人が注目する対象を「注目の的」と言いますが、的に何かが集まるのは自然なこと。では何が集まるかといった時に、あえて「視線」などと言い換えることなく、そのまま「注目」を使用して問題なしとするのが、一般的な言語感覚ということになるのでしょう。明鏡国語辞典、現代国語例解辞典、三省堂国語辞典など、「注目を集める」ないし「注目が集まる」を用例として採用する国語辞典もあります。

「高い注目」は言い換えられるか

8割が違和感を示した「高い注目」のほうですが、こちらはまず、これだけ違和感を示す人が多いのであれば使用を避けるべきではないかと考えます。その上で、何らかの形で言い換えが可能かどうか。

「注目度」のように度合いを表す表現にすれば、「注目度が高い／低い」「注目度が大きい／小さい」といった程度を表す言葉につながります。もっとも、「高い注目度を集める」のような言い回しは無理。「注目度が高まっている」のような形を取ります。あるいは「注目」を離れて、「関心」などと言い換えるほうが自然かもしれません。

程度を表す言葉はかなりの幅を持って使われており、「これで決まり」とは言いにくい場合が多いのが実情です。それでも「注目」のような動作性を示す語に「高低」は結びつきにくいとは言えるでしょう。違和感を持たれないためには、「多方面からの注目が集まる」「高い関心が寄せられる」などと、やや切り口を変えて言い回しを考える必要がありそうです。

column

重言いろいろ「デジタルトランスフォーメーション化」

経済に関する原稿に出てきた「デジタルトランスフォーメーション（ＤＸ）化」という表現。ＤＸはデジタル技術による変革を意味し、「トランスフォーメーション」は「変形」「変化」のこと。さらに「化」をつけるのは重複表現といえます。

カタカナを省いた「ＤＸ化」のみだと余計に気付きにくくなりますが、このようなアルファベットの略語にひそむ重複のわなには、ほかに「ＩＴ技術」があります。「ＩＴ」は「インフォメーションテクノロジー（情報技術）」の略なので、さらに「技術」をつけるとやはり重複になります。アルファベットの略語を使う際には、その元の意味を確認するとよいでしょう。

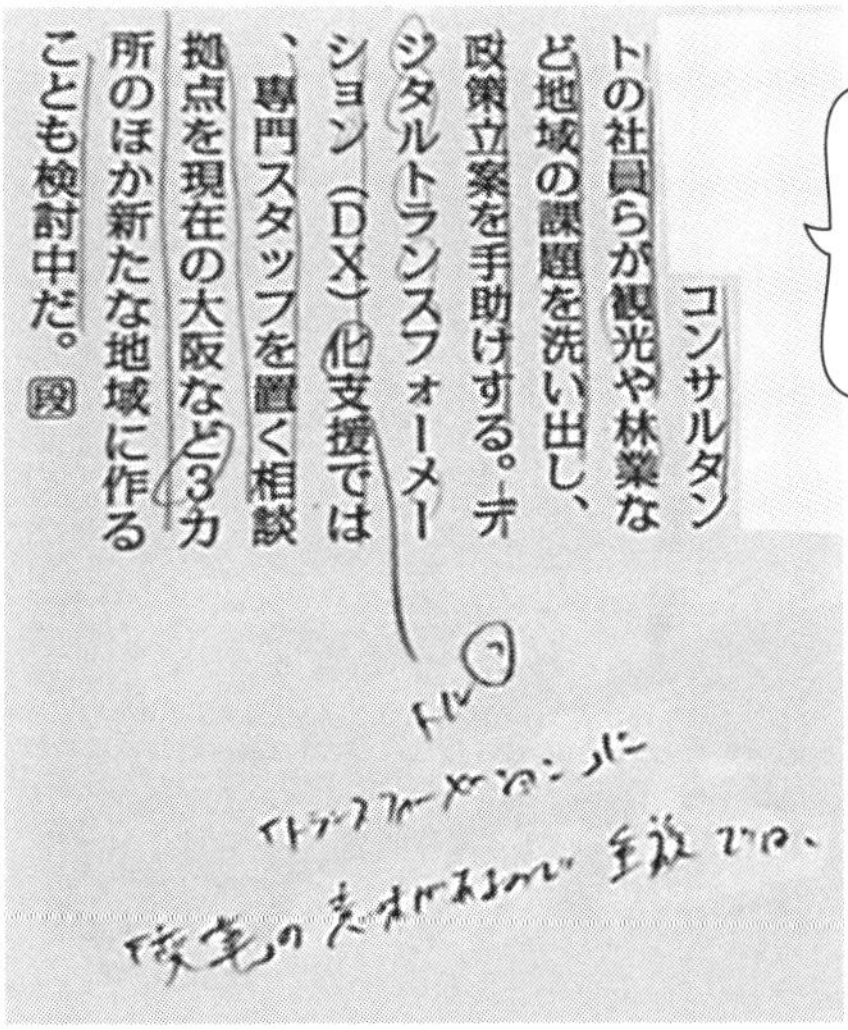

コンサルタントの社員らが観光や林業など地域の課題を洗い出し、政策立案を手助けする。デジタルトランスフォーメーション（ＤＸ）化支援では、専門スタッフを置く相談拠点を現在の大阪など3カ所のほか新たな地域に作ることも検討中だ。

「従来から」

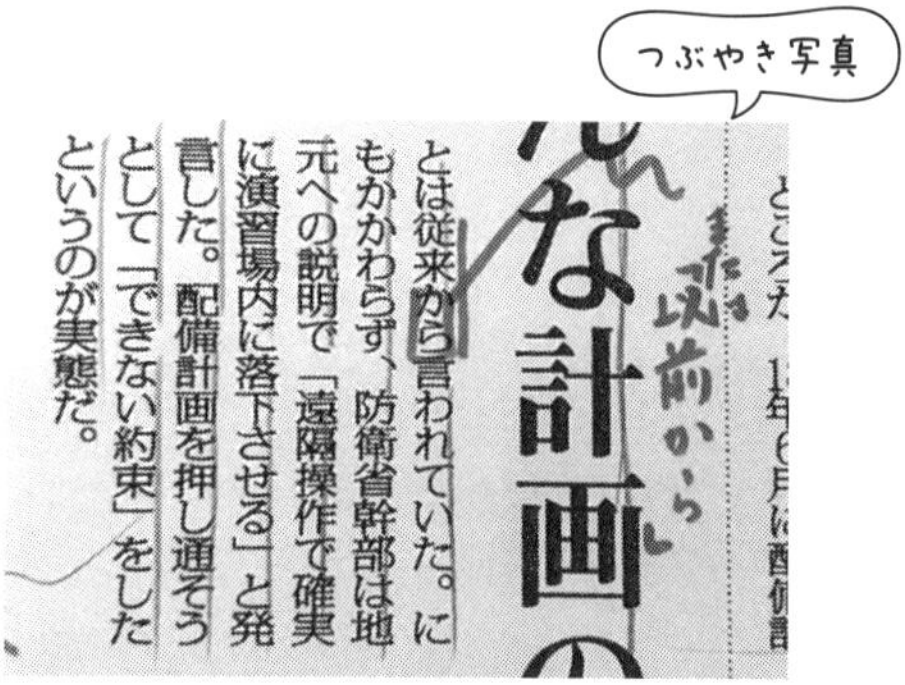
つぶやき写真
または
以前から
ところだ。13年6月に配備計
な計画の
とは従来から言われていた。にもかかわらず、防衛省幹部は地元への説明で「遠隔操作で確実に演習場内に落下させる」と発言した。配備計画を押し通そうとして「できない約束」をしたというのが実態だ。

「従来から」→「従来」か「以前から」としたい

「従来」は「以前から今まで（ずうっと）」（三省堂国語辞典8版）。同辞典も明記するように「従来から」は重言で、「従来」だけで十分です。「以前から」と書き換えてもよいでしょう。

同様に「かねて」も「以前から」という意味なので、「かねてから」でなく「かねて」で十分ということになりますが、「かねてから」は用例などで許容している辞書が比較的多くなっています。

column

「票読み予想」

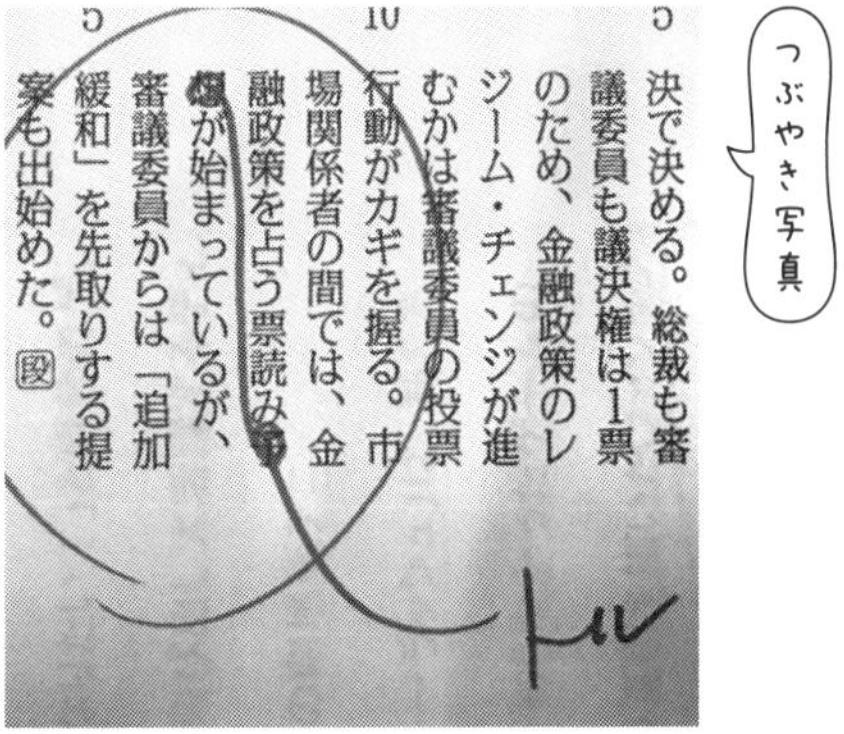
決で決める。総裁も審議委員も議決権は1票のため、金融政策のレジーム・チェンジが進むかは審議委員の投票行動がカギを握る。市場関係者の間では、金融政策を占う票読み予想が始まっているが、審議委員からは「追加緩和」を先取りする提案も出始めた。

日本銀行の金融政策決定会合で多数決の「票読み予想」と書かれていました。「票読み」とは「①票の数を数えること②選挙などで、得票数の予想を立てること」（大辞泉2版）で、この記事は②の意味で使っています。「読む」には「外面を見て、その隠された意味や将来などを推察する」（同）という意味もあるので、後ろに「予想」と付けてしまうとダブり感があるのでしょう。

その前の「金融政策を占う票読み」も気になってきました。これは「票読み」という言葉を「金融政策を占う」で説明していると考えればいいでしょうか。重言のことを考えると疑心暗鬼になってきます。そういえば、大辞泉の「数を数える」も……、いやいやこちらも考えすぎでしょう。

「初デビュー」

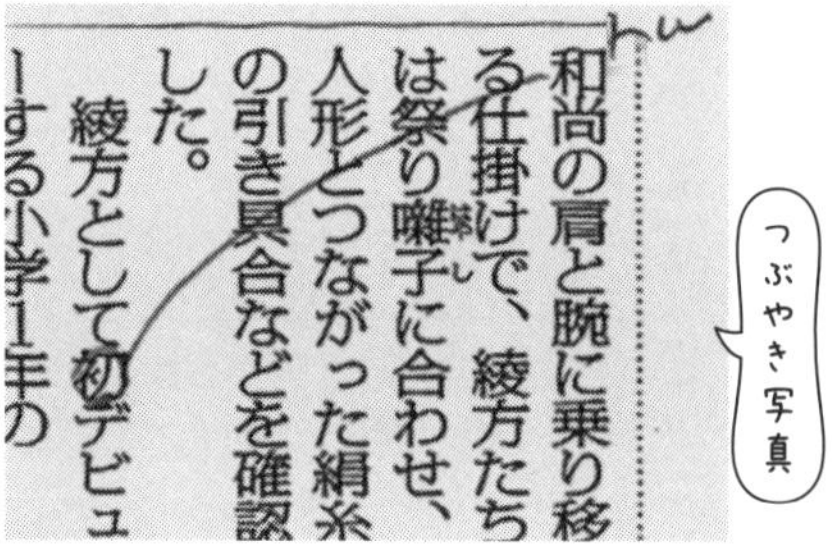
和尚の肩と腕に乗り移
る仕掛けで、綾方たち
は祭り囃子に合わせ、
人形とつながった絹糸
の引き具合などを確認
した。
　綾方として初デビュ
ーする小学1年の

地域の伝統芸能で人形を操る「綾方《あやかた》」として小学1年生が「初デビュー」したという記事。

「デビュー」とは「初めて登場すること。初演。初舞台」（広辞苑7版）なので、「初」は不要です。

「生ライブ」

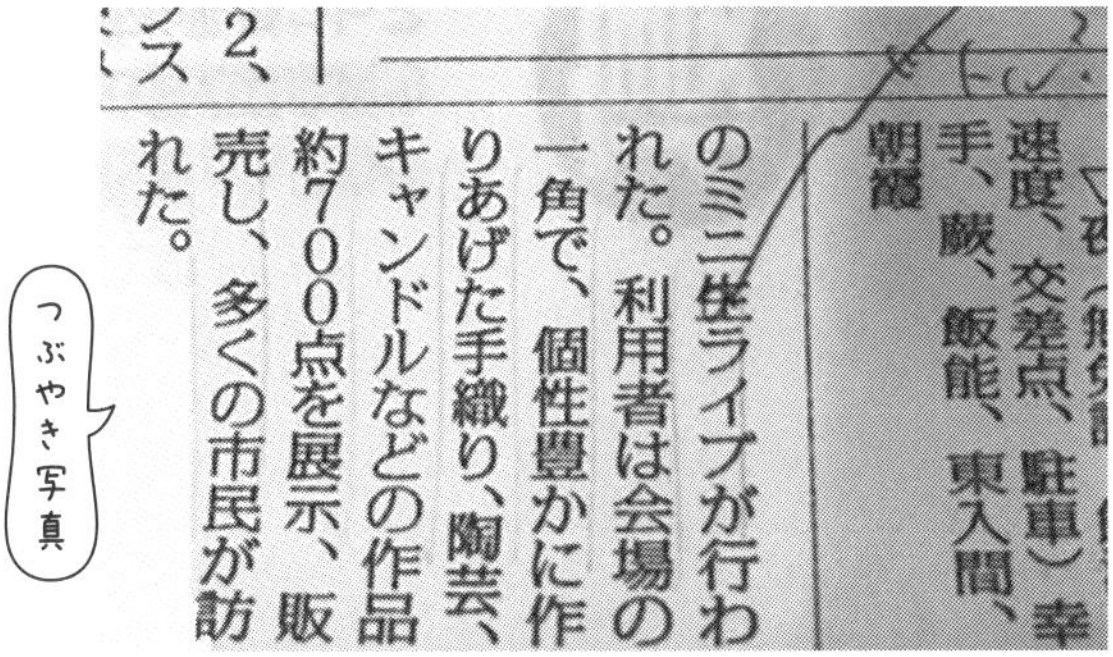

速度、交差点、駐車）幸
手、蕨、飯能、東入間、
朝霞

のミニ生ライブが行わ
れた。利用者は会場の
一角で、個性豊かに作
りあげた手織り、陶芸、
キャンドルなどの作品
約700点を展示、販
売し、多くの市民が訪
れた。

同じく片仮名系重言で、「ミニ生ライブが行われた」。「ライブ」は「生放送。劇場・コンサートなどでの生演奏。また、音楽をその場で録音したもの」（広辞苑7版）なので、「生」は要りません。片仮名だけだと意味がぼんやりするような気がして、漢字を付け足してしまうのでしょうか。

「ほんのわずかに微調整」

つぶやき写真

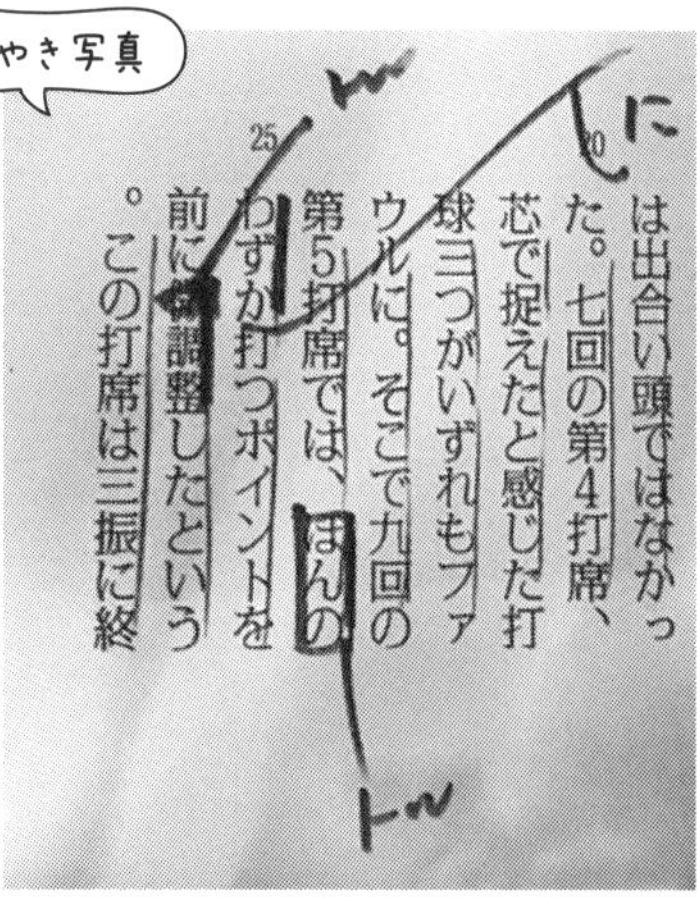
は出合い頭ではなかった。七回の第4打席、芯で捉えたと感じた打球三つがいずれもファウルに。そこで九回の第5打席では、ほんのわずかに打つポイントを前に微調整したという。この打席は三振に終

野球の記事で「九回の第5打席では、ほんのわずか打つポイントを前に微調整した」。ものすごくわずかな感じが伝わってきますが、新聞では字数の制約があり、冗長に書くとほかの大事な部分が紙面に入らなくなってしまいます。これは「わずかに打つポイントを前に調整した」と直しました。

ニュースサイトの記事などで文字数の縛りが緩く、文を削って短くする必要がない場合、要らない表現が増えてしまうこともあります。読みにくく、読者に不親切になっていないかどうか。新聞記事としては、簡潔で伝わりやすい文を書くことを心がけたいと思います。

第4章

表記に迷う
〜あなたならどう書きますか？

1 刺し身はやっぱり「お造り」か

質問

刺し身を表す「おつくり」。どのように書きますか?

回答

お作り……3・4%
お造り……89・7%
おつくり……6・9%

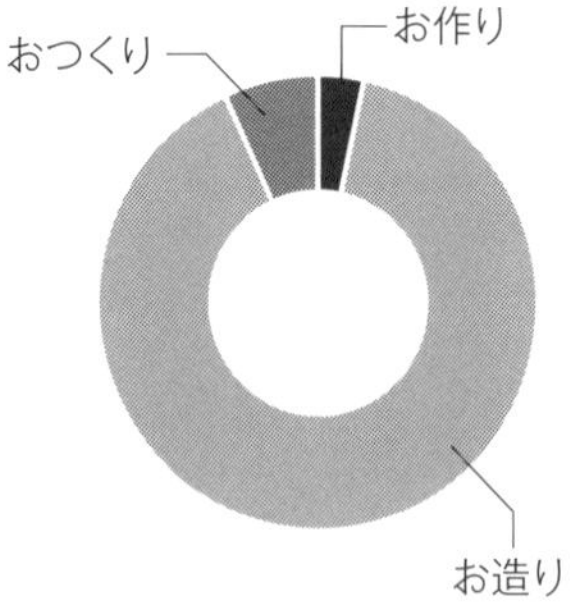

(2020/1/3掲載)

解説

「お造り」が9割と圧倒的

「お造り」と書くという人が約9割と、「お作り」「おつくり」派を圧倒する結果となりました。お品書きなどでよく目にする「お造り」の表記が浸透していることがうかがえます。

辞書は「お作り」「お造り」併記が多い

ただ国語辞典では、三省堂現代新国語辞典6版のように「【お造り】『造り』の美化語。お刺身」【お作り】〔女性語〕お化粧」と意味によって使い分けているものもありますが、「御作り」（大辞泉2版）と「作」の表記のみを載せているものや、「【御作り】②（『御造り』とも書く）さしみ」（広辞苑7版）、「御作り・御造り」（大辞林4版）などと二つを併記しているものが多いようです。

ちなみに新聞では、接頭語の「御」は固有名詞的なものを除いて原則として平仮名にしています。

2013年版までの毎日新聞用語集には「おつくり」の表記は載っていませんでした。ただし、「いきづくり・いけづくり」は「生き作り・生け作り」の明記があったので、類推で「おつくり」もおおむね「お作り」と書かれていました。

常用漢字表改定に伴って発行された2010年の毎日新聞用語集「別冊」では、常用漢字表に「創」の読み「つくる」が加わったため「つくる」の項を見直したのですが、そこに「鮮魚を刺し身に作る」という用例が加えられました。日本新聞協会の新聞用語懇談会での議論を踏まえて設けられたものです。刺し身の「おつくり」について「お作り」にする類推が更に働くことになりました。

その後、2016年に同懇談会で再び話し合われ、「おつくり」については「お造り」が定着しているとして、「お造り」の表記を認めると決めました。これを受けて、毎日新聞でも2019年版用語集で『鮮魚を刺し身に作る〈刺し身は『お造り』とも〉」との説明に変えた経緯があります（ただし、2022年改訂の新聞協会「新聞用語集」に「おつくり」の表記はありません）。

「お造り」が好まれるのはなぜ？

なぜ「お造り」の表記が定着したのかを考察するために語源を探ってみました。『暮らしのことば　新語源辞典』（山口佳紀編、講談社、2008年）は「刺身」の項で以下のように説明します。

新鮮な魚肉などを薄く切り、わさびや生姜《しょうが》などを入れた醤油《しょうゆ》をつけて食べる料理。サシミという語が見られる室町期の武家社会では、「切る」という語を用いることを忌み嫌い、「刺す」といったところから「刺身」という語が成立したという。関西ではツクリというが、これは「作り身」のミを省略した語であろう。

魚の「切り身」との表現を忌避して、「刺し身」と表現するようになり、関西ではさらに「刺す」も嫌ったために「作り」「作り身」と言うようになったようです。

この「つくりみ」の表記はほとんどの辞書が「作り身」のみを載せています。「作り身」は薄く切った「刺し身」を表すだけでなく、魚を適当な大きさに切っただけの「切り身」を指すこともあるためか、一般用語である「作る」が用いられているのかもしれません。一方「おつくり」は刺し身のことを表し、刺し身を花のように盛り付けたり、薬味を添えたりと、ひと手間加えたものもあります。「お造り」の表記が用いられるのは、「おつくり」が一つの「料理」であり、「造形する」「手の込んだものを造る」という意識が反映されているのではないでしょうか。品書きに「お造り」と書いてあるほうが高級な感じもして、店側がこの表記を好むという事情もありそうです。

社会での浸透度も用語の指標に

表記の決定には常用漢字表や辞書などを根拠にすることが多いのですが、それだけでは済まない場合もあります。複数の書き方がある語で表記を一つ選ぶ際には、多くの人にしっくりくるものかどうかということも指標の一つになります。

column

子供、子ども、こども

つぶやき写真

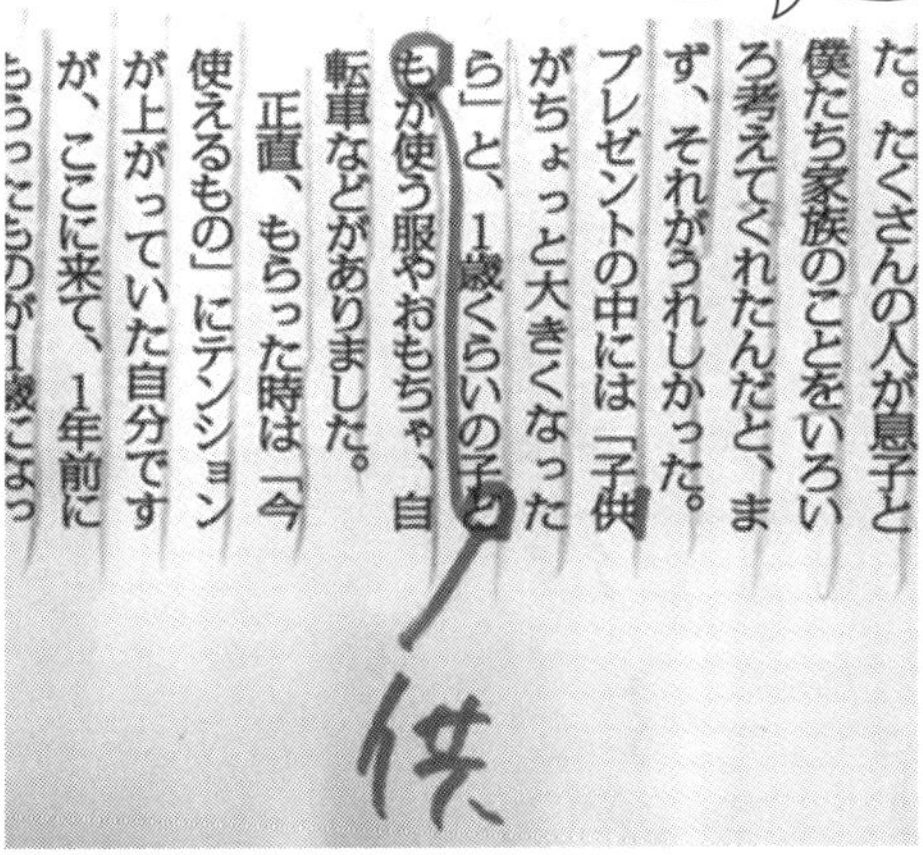
た。たくさんの人が息子と僕たち家族のことをいろいろ考えてくれたんだと、まず、それがうれしかった。プレゼントの中には「子供がちょっと大きくなったら」と、1歳くらいの子どもが使う服やおもちゃ、自転車などがありました。
　正直、もらった時は「今使えるもの」にテンションが上がっていた自分ですが、ここに来て、1年前に

「こども」の表記について、最近は「こども家庭庁」が2023年4月に発足するなど「こども」の固有名詞が増えていますが、毎日新聞では「子供」も「子ども」も使えます。ただ、同じ原稿の中で一般名詞の表記が割れていれば、そろえるようにしています。

2 仕切りは「パーテーション」と言う人が多数派

質問

席と席の間の仕切り。カタカナ語ではどう呼びますか？

回答

パーティション……31・4％
パーテーション……58・3％
いずれも使う……10・2％

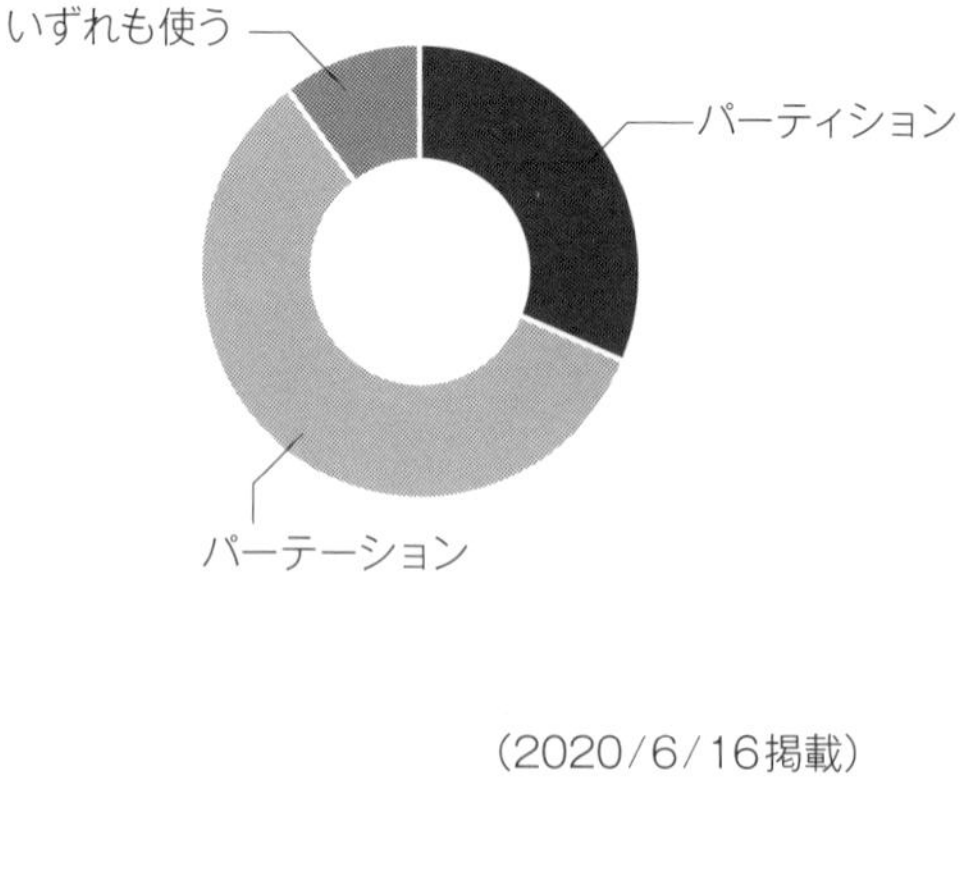

（2020/6/16掲載）

解説

国語辞典は「パーティション」

国語辞典で「パーテーション」を見出し語に採用しているものはほとんどありません。十数点を見た中では大辞泉2版が唯一でしたが、それも「パーティション」の項目に誘導するだけのカラ項目です。現代国語例解辞典5版は「パーティション」の項目に別表記として「パーテーション」を載せています。

一方、三省堂現代新国語辞典6版は「パーティション」の項目で「俗に『パーテーション』とも言う」とし、「パーテーション」は俗用であるという立場を取ります。

なじみのない「ティション」で終わる語

このように、辞書が「パーティション」を選んでいるにもかかわらず、一般社会においては「パーテーション」がよく使われ、今回のアンケートでも多数を占めたのはどうしてでしょうか。考えられる答えとして、私たちにとって「ーション」という語尾のほうが「イション」という形よりもなじみ深いということが言えるでしょう。「逆引き広辞苑」(1992年)を見ると、語尾が「イション」で終わる言葉は、エディション▽オーディション▽エクスペディション▽トラディション▽コンディション――のわずか五つ。それに比べると「ーション」で終わる語はほぼ1ページにわたって100以上の言葉が挙げられています。「ティション」「テーション」に限れば前者はゼロ、後者は22とさらに差は顕著です。もっとも広辞苑でも2008年の6版から「パーティション」が採録されているので、今はゼロではないはずですが。

そもそも英語でも「tition」より「tation」で終わる語のほうがはるかに多いため、音写した当初は「ティション」が用いられたとしても、ほかの語との類推から「テイション」「テーション」という形に変わっていくということは、不自然ではないのではないでしょうか。

辞書類が、由来である英語の音を尊重して「パーティション」を見出し語に取るというのは理解できます。一方で一種の和製英語と考えれば「パーテーション」が使われること自体を否定する理由はなくなります。一般に、どちらが使われても問題ないと考えます。

その後 三省堂国語辞典8版（2022年）は「パーティション」をメインに立てるものの「パーテーション」を別の書き方として注記し、「俗に」はなくなっています。

3 表記の定まらない「sustainable」

質問

「持続可能な」という意味の英単語「sustainable」。カタカナではどう書きますか?

回答

サステナブル……36・8%
サスティナブル……28・2%
サステイナブル……35・0%

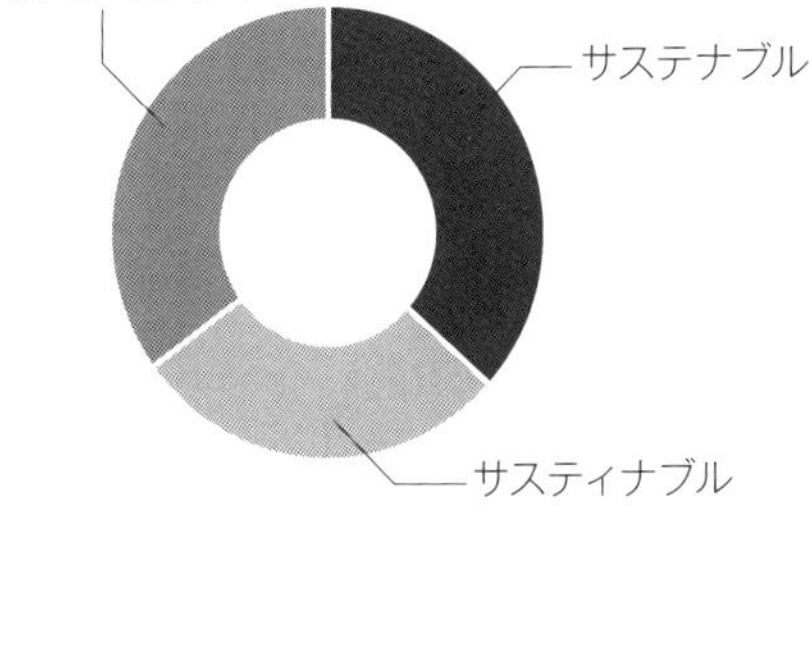

(2021/5/28掲載)

解説

回答は三つどもえ

多いほうから「サステナブル」「サステイナブル」「サスティナブル」の順になったものの、それぞれの差はわずかで、ほぼ三つどもえの結果となりました。これだけ割れてしまうと、どれか一つに表記を統一するのはなかなか難しいかもしれません。

原音に近いのは「サステイナブル」

英単語「sustainable」は、動詞「sustain（持続させる）」に可能の意の「able」がついた形容詞です。「sustain」の発音を片仮名で表すと「サステイン」。そのため原音から考えれば、「sustainable」も「サステイナブル」と表記するのが忠実だと言えます。

一方、「メンテナンス（maintenance）」の動詞形「maintain」は、「メインテイン」に加えて「メンテイン」のように発音することがありますが、このように英語では「ai」など二重母音の発音が簡略化される例がいくつか存在します。しかし「sustainable」は「サステナブル」「サスティナブル」のようには言わず、「サステイナブル」と「ai」をしっかり発音しています。

また、日本新聞協会の「新聞用語集」には、「原音で二重母音の『エイ、オウ』は、原則として長音とみなす」との記述があります。「チェーン（chain）」「メード・イン・ジャパン（made in Japan）」といった具合です。この原則に照らせば「テイ」は「テー」となるため「サステーナブル」と表記することになるのですが、この表記はほとんど見かけません。

このルールは例外を認めており、「エイト（eight）」「レイン（rain）」のように長音表記がなじまないものは「エイ」と書くことにしています。この例外規定を踏まえると「サステイナブル」になるでしょうか。

サスティナブルを「誤り」とする辞書も

発音や表記の原則から、「サステイナブル」で決まり——と言いたいところなのですが、アンケートの結果からも分かるように「サステナブル」「サスティナブル」の表記もある程度定着しているため、一筋縄ではいきません。毎日新聞の記事データベース（東京本社版、地域面除く）で検索してみても、固有名詞も一定数含まれているものの、「サステナブル」56件、「サスティナブル」40件、「サステイナブル」36件と割れています。

国語辞典の記述をいくつか見比べてみると、「サステイナブル」または「サステイナビリティー」(「持続可能性」を意味する名詞)で立項しているのは広辞苑7版、大辞泉2版、三省堂国語辞典7版、三省堂現代新国語辞典6版。「サステナブル(サステナビリティー)」は大辞林4版、新明解国語辞典8版、明鏡国語辞典3版と、こちらも見解が割れています。「サスティナブル(サスティナビリティー)」を見出し語に取った辞書は見つからなかったのですが、サスティナブルとも書く、などと説明を付しているケースは複数ありました。

その中で気になったのが三省堂国語辞典7版の記述。「あやまって、サスティナブル」と書かれています。確かに「発音を考えればサスティナブル表記は微妙かなあ」と思うのですが、それを「誤り」と言い切っています。

外来語の慣用表記の難しさ

片仮名表記が本来の発音からは少しずれてしまった例はほかにもあります。例えば「entertainer(芸人)」。「entertainer」も「ai」の二重母音を脱落させずに発音しているため、片仮名で書くならば「エンターテイナー」になります。しかし、日本人の耳には「イ」の音が聞き取りにくいことや、原音でも強く発声されないことがあるためか、「エンターテナー」の表記も見かけます。

外国語が外来語として日本語に定着していく中で、日本人になじみやすい表記が採用されることはあるのです。「サステナブル」「サスティナブル」も日本人になじみやすいとすれば、一概に誤りだと切り捨てるのは難しいでしょう。

使用頻度が上がれば表記も固まるか

新聞では今のところ「sustainable」は「持続可能な」と日本語に訳されることが大半であるため、片仮名語としてそのまま使われるケースはそれほど多くありません。しかし、今後片仮名の登場頻度が増えていけば、どの表記にすべきか一層悩むことになりそうです。「原則」に一番忠実な「サステイナブル」に分がありそうですが、果たしてどうなるでしょうか。

その後 「サステイナブル」で立項していた三省堂国語辞典は8版で「サステナブル」に表記を変えました。「サステナビリティー」も立項していますが、そのいずれにも「〔なまって〕サスティナブル」「〔なまって〕サスティナビリティ（ー）」と注記しています。「あやまって」でなく「なまって」に変えたのです。

4 「ほかならない」は仮名書きが最多

質問

彼の成功は努力のたまものに「ほかならない」——どの書き方がなじみますか？

回答

他ならない……30・5％

外ならない……23・3％

ほかならない……46・2％

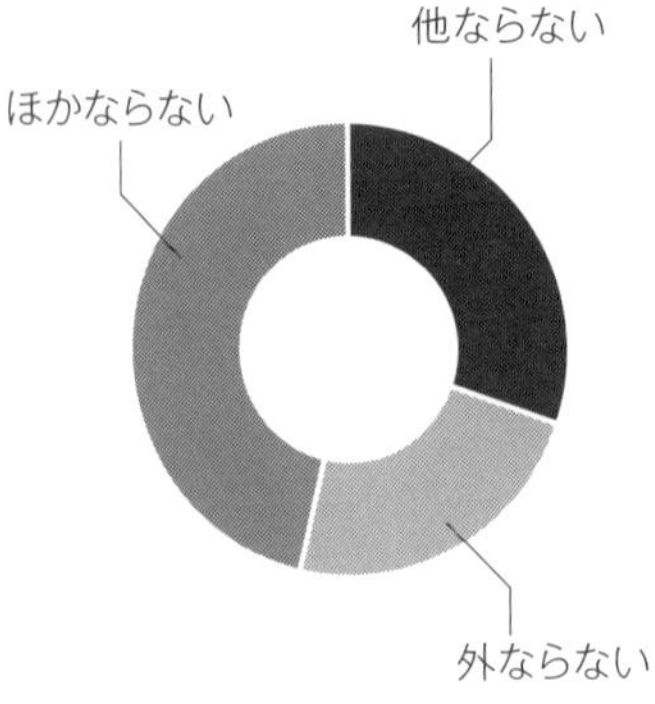

（2020/2/11掲載）

解説

仮名書きの「ほかならない」が最多

仮名書きの「ほかならない」が最多で5割近くを占めました。漢字を使う人では「他」が「外」よりやや優勢ですが、決定的というほどではありません。漢字で書くには迷ってしまう、それならいっそ平仮名で書くほうがよいという考え方が結果に反映されたのかもしれません。

常用漢字表になかった「他（ほか）」

とはいえ、まずは漢字の説明からすべきでしょう。「他」の字の「ほか」という訓読みは2010年の常用漢字表改定で付け加えられたもので、それまでは音読み「タ」しか認められていませんでした。もっとも、表外訓ではあっても、新聞以外の一般には「ほか」の訓読みが使われていました。

訓読みが使えるようになって「外」との使い分けが必要になったのですが、難しいもので、「使い分けに迷うときは仮名書き」という規定もあるほどです。

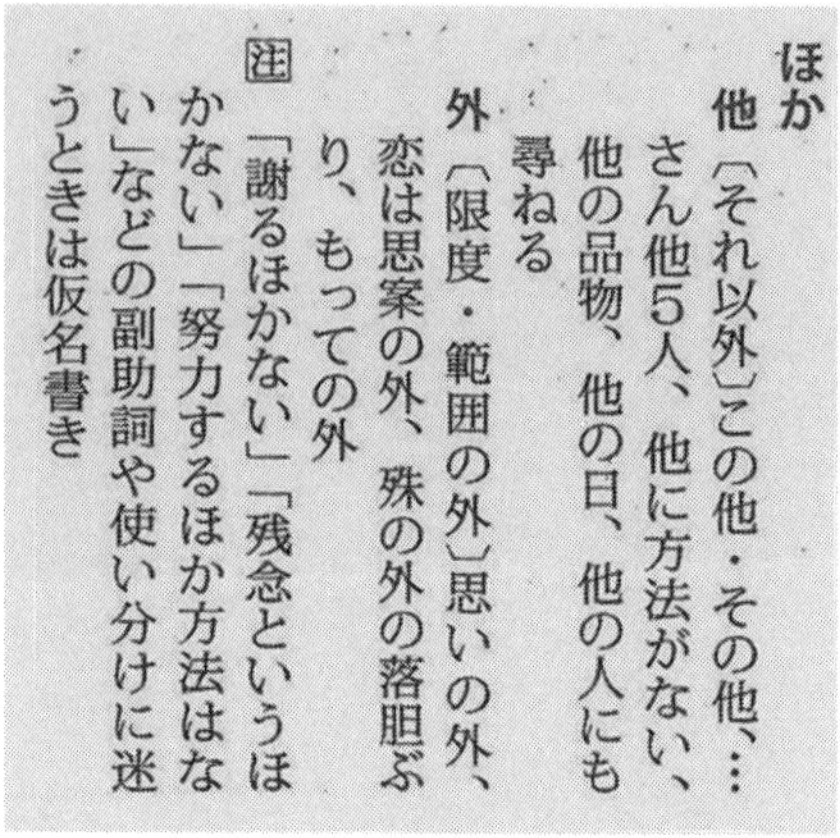

ほか

他〔それ以外〕この他・その他、…さん他5人、他に方法がない、他の品物、他の日、他の人にも尋ねる

外〔限度・範囲の外〕思いの外、恋は思案の外、殊の外の落胆ぶり、もっての外

注「謝るほかない」「残念というほかない」「努力するほか方法はない」などの副助詞や使い分けに迷うときは仮名書き

「ほか」の書き分け（毎日新聞用語集2019年版）

「外」は「そと」と読まれやすい

常用漢字表改定以前の文化庁「言葉に関する問答集10」（1984年）では「『ほか』か『外』か」という項目で、「ほか」の書き分けについて紹介しています。そこでは文部省（当時）の用語の案内を紹介して次のように書きます。

> 特別の場合を除くほか、殊の外、何某外○名
> ほかの意見、ほかから探す、ほかから連れてくる
> これは、「ほか」のうち、形式名詞的なもの、もともと「他」の字で書く習慣の強かったもの、また「外」と書くと「そと」と読み間違えられるおそれのあるものなどは仮名書きにするという方針に大体よったものである。

「ほか」の読みで「他」を使えなかったため、「外」か「ほか」を使うことになるのですが、確かに「外」と書くと「そと」と読まれかねない場面があります。「ほかの……」という時には「外」とは書きにくいでしょう。

もっとも「外ならない」と書いた場合には「そと」とは読まれないはず。問答集では「ほかならない（ほかならぬ）」についても例示しているのですが、「やはり三様の表記〔他、外、ほか〕が見られる」と言うのみで、どの書き方がよいかは明示していません。

結局、「外」と「他」でどちらがよい？

漢字に関する著書の多いフリー編集者兼ライター、円満字二郎さんの『漢字の使い分けときあかし辞典』（研究社、２０１６年）は「具体的に何を指しているのかが思い浮かべにくい場合には、《外》を用いる方がなじみやすい」として、「彼にとって仕事をすることは、喜びに外ならない」「外ならぬ君の言うことだから、信じよう」という例を挙げています。

ただし、「他」と「外」の「表す内容は、重なり合う部分が大きく、頼りにできる判断基準は見出しがたい。無理に使い分けようとせず、迷った場合にはどちらか好きな方を書いておくしかない」とも。更には「その他」「外の」といった書き方が「そのた」「そとの」と読まれうることを挙げて、「どちらも振りがななしでは読み方がまぎらわしくなりやすいわけで、そこで、『ほか』はすべてかな書きにしてしまうのが、最も楽な方法だということになる」と述べています。

「仮名書き」はバランス感覚の表れ

こうしてみると、アンケートで「ほかならない」を選んだ人が最多だったことには、大いに理由があると言わねばなりません。アンケートの結果は皆さんの表記に対するバランス感覚が表れたものであったと感じます。

5 「すてき」どう書く

質問

「すてき」を「素敵」と書くのは当て字だといいます——でも、どう書きますか？

回答

すてき……26・8％
素敵……60・5％
素的……4・4％
素適……8・4％

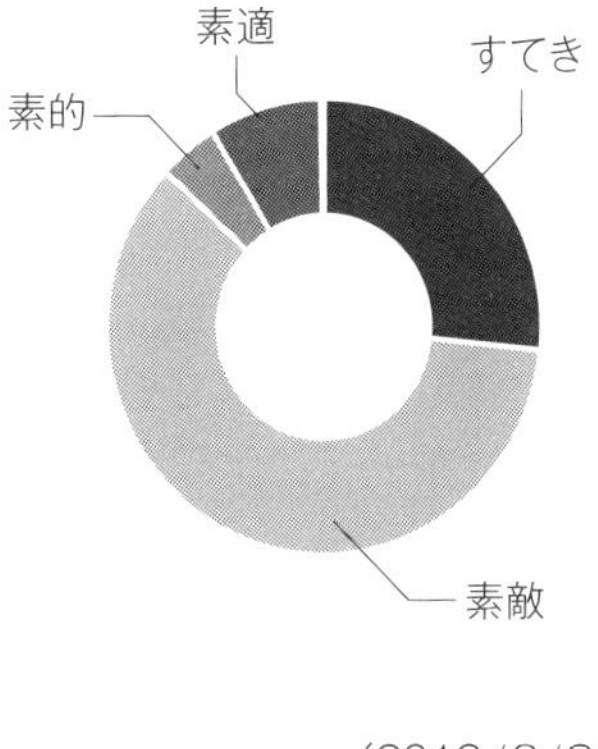

（2019/2/8掲載）

解説

「素敵」が6割を占める

当て字であると質問でまず断ったにもかかわらず、「素敵」が6割を占めました。平仮名書きが4分の1強、その他は1割にも届きませんでした。

「素」の字も根拠は曖昧だが

日本国語大辞典2版は「すてき【素敵・素的】」の項目の冒頭で「『すばらしい』の『す』に『てき（的）』のついたものという。『素敵』はあて字」としています。「素晴らしい的」の略だとすれば「素的」がよいでしょうか。しかし項目中の「語誌」では「スバラシイとの関係は明確でない」ともしており、「素的」が無条件によいということでもないようです。

また、日本国語大辞典では触れていませんが「素晴らしい」の文字遣いも由来ははっきりしないようです。

辞書編集者、神永暁さんのウェブサイトコラム「日本語、どうでしょう?」から、「『すばらしい』はいい意味ではなかった!?」を見ると、

「すばらしい」の語源は、小さくなる、狭くなるという意味の動詞「すばる（窄）」からだという説がある。「すばる」には「すぼる」という語形もあり、その形容詞形「すぼし」は古くから、みすぼらしい、肩身が狭いという意味で使われていた。

とあります。なんと「素晴らしい」は「みすぼらしい」の類縁語という説もあるとのこと。とすれば「素晴らしい」と書くこともあくまで慣用に基づくものであって、「すてき」が「すばらしい」＋「的」という成り立ちの語だとしても、「素」を使うこと自体の根拠が崩れそうです。

現状は「素敵」が優位

しかし文化庁の「言葉に関する問答集12」（1986年）の「『すてき』か『素敵』か『素的』か」を見ると「明治以降の文学作品には、『すてき』『素的』『素敵』三様の表記例が見られるが、その中では、『素敵』が最も多いようである」と言います。

1970年代から2000年代までの用例を集めた国立国語研究所「『現代日本語書き言葉均衡コーパス』少納言」で、すてき、素敵、素的、素適の四つをそれぞれ検索してみると、すてき752件▽素敵2553件▽素的27件▽素適8件――と、「素敵」が際立って多くヒットします。

「問答集」は「この語の語源が明らかでないことから考えると、『すてき』と仮名書きにするのが最も無難であろう」と言いつつ、「特に『素敵』のほうは、現在でもかなり見かける表記であるように思われる」としています。その傾向はむしろ拍車が掛かっていて、一般の使用実態としては「素敵」が主流になっているようです。

「当て字」だが十分に定着か

日本国語大辞典2版は「素敵」を「あて字」としていますが、「あて字（当て字）」とは「漢字のもつ本来の意味にかかわらず、音や訓を借りてあてはめる表記」（広辞苑7版）のことで、毎日新聞では「甚だしい当て字」の使用を控えています。しかし、当て字を全く認めないということではなく、「無駄」や「乙女」は使いますし、「可愛い」（「顔映ゆし」から変化した語）も当て字ですが使用します。要はどれだけ定着したかということなのですが、アンケートの結果から見ても、「素敵」は当て字としても確かに定着度の高い語だと考えられます。

ところで選択肢に「ステキ」がない、とツイッターで指摘をいただきました。これは毎日新聞用語集を基にして項目を考えたためでした。実はコーパス「少納言」では、「ステキ」が「すてき」に迫る数字（５１９件）になっており、「ステキ」が選択肢にあれば「素敵」の優位も揺らいだかもしれません。しかし新聞には、「ステキ」の表記が似合う記事はあまり出てこないだろうと思われます。

6　「令和」の「令」どう書く？

質問

新元号に入る「令」。字の形、気になりますか？

回答

気になる。「令」を使いたい……31・5％

気になる。「令」を使いたい……40・7％

気にならない……27・7％

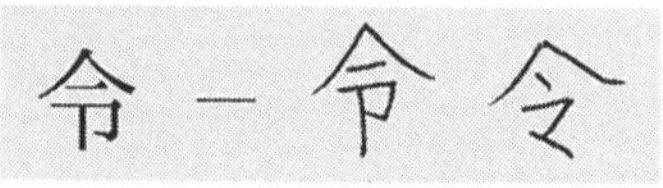

気になる？　どっち？（常用漢字表より）

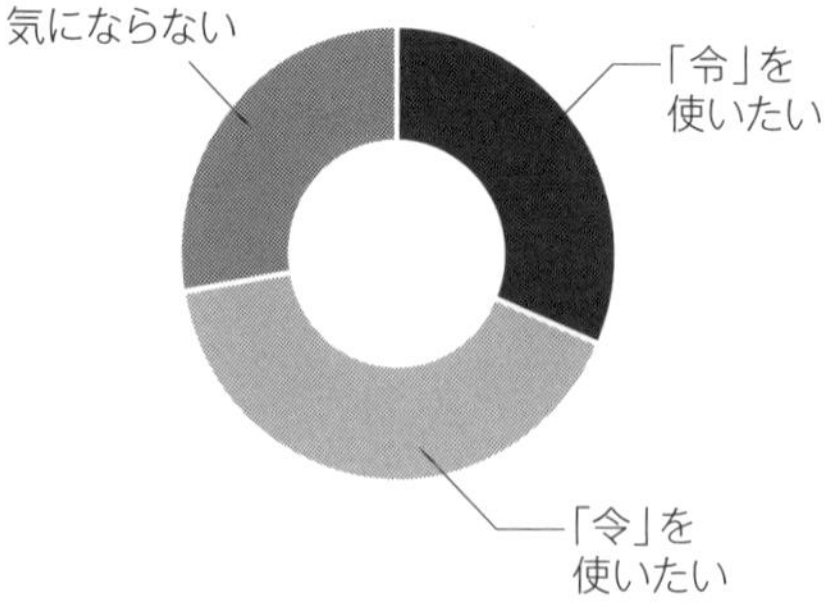

（2019/4/23掲載）

解説

大きな差はつかず

印刷文字の明朝体やゴシック体で見られる「令」の形より、下の部分が「マ」の形になっている「令」を使いたいという人がやや優勢でした。しかし「気にならない」という人も一定数おり、あまり差はつかなかったと言えます。この字形については新元号「令和」の発表以降、テレビなどでも随分扱われ、同じ文字の異なる書き方だということはだいぶ浸透したのではないかと思います。

印刷字形と手書き文字の差

「明朝体」や「ゴシック体」と書きました。明朝体は私たちが印刷物で最もよく目にする書体です。横線が細く縦線が太い、筆を止める場所に三角形の「うろこ」があるなどの特徴があります。デザインした人や会社によって微妙な差はありますが、一般の文芸書や新聞は基本的に明朝体で印刷されています。

ゴシック体は、同じ太さの線でできている書体で、筆押さえのような飾りがありません。印

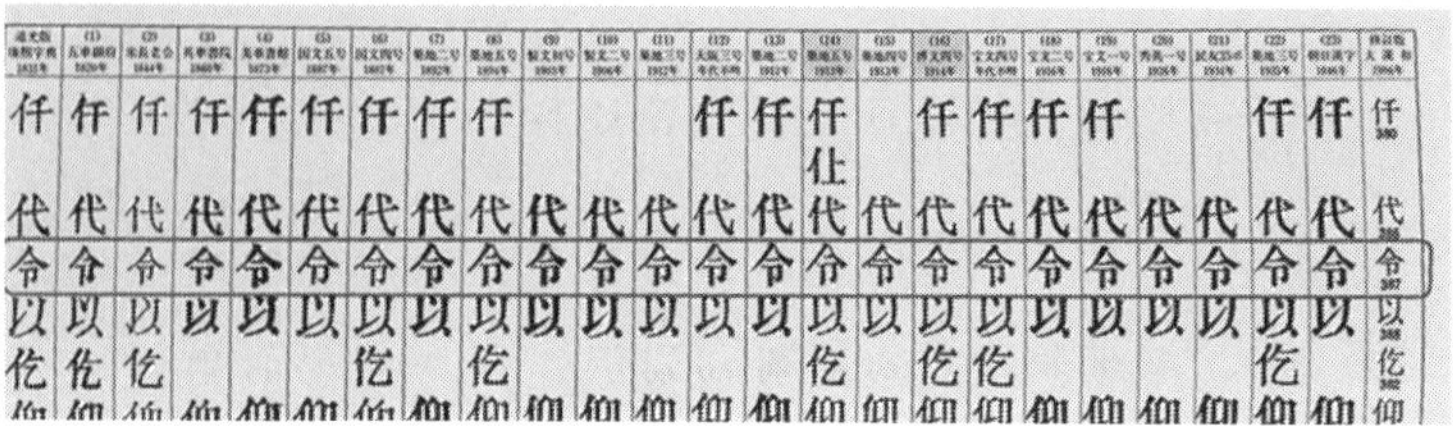

文化庁国語課「明朝体活字字形一覧」（1999年）

刷物でも使われますが、特にパソコンやスマートフォンなど電子機器の日本語表示はゴシック体が一般的です。書体はWindowsならばYu Gothic UI、Ｍａｃならヒラギノ角ゴが普通でしょうか。

これらの書体は印刷文字として発展してきた歴史を持ちます。かつての版木は木を彫って作りましたし、活字も元になる種字は手で彫ったものです。そのため点画は単純化され、文字は四角くなる傾向があります。「令」は明朝体でもゴシック体でも、「人」の下の点画が横棒になり、手書きでは「マ」となる部分の２画目が縦線になるのが一般的のようです。１８２０年から１９４６年の明朝体の字形をまとめた、文化庁国語課の「明朝体活字字形一覧」（１９９９年）を見ても、すべて「令」と同じように点画は横棒、縦線になっています。

ただし、印刷文字でも「教科書体」という書体では「令」

のように、下が「マ」の形が使われています。文部科学省の学習指導要領の別表「学年別漢字配当表」にある文字に準じた書体で、手書きの楷書を意識した形になっています。

形が違っても同じ文字

文化審議会国語分科会の報告「常用漢字表の字体・字形に関する指針」（2016年）は、実務上の観点から、常用漢字表に例示された明朝体の字形と手書き文字との差異について説明しています。要するに役所での名前の受け付けなどで問題になりがちだということです。「令」については170ページの画像のような字形の例を挙げています。

「指針」には「窓口等で『令』のように手書きすると、明朝体の字形との差異から別の漢字であると判断され、印刷文字と同じ形に書き直すよう求められるといった事例が報告された」とあります。

「指針」のQ&Aには「印刷文字のとおりに手書きしないといけないのか」という項目も。回答は「同じ漢字であっても、手書きの文字と印刷文字との間には、形の違いが現れることがあります。本来は、手書きの文字を印刷文字のとおりに書く必要はありません」と言います。

このようなことをあえて言わねばならなくなったのは、最近はワープロや情報機器が普及し

構成要素の例	左のような構成要素を持つ漢字の書き表し方の例
令	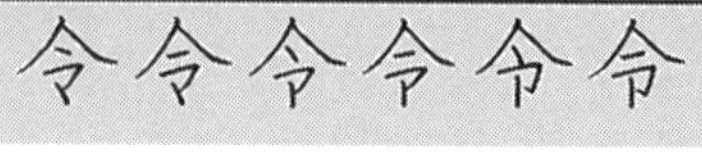

文化審議会国語分科会の報告「常用漢字表の字体･字形に関する指針」(2016年)

て、印刷字形のほうが手書き文字よりもなじみ深くなったことが背景にあるのでしょう。そこから離れた形の文字を見ると「間違いではないか」と不安を持つ人が増えてきているようです。

今回の質問に答えてくださった人の中でも、「令」を選んだのは手書きに慣れている人が多いかもしれません。もっとも「令」が印刷文字に近い形だからといって、それを選んだ人が手書きに慣れていないとは必ずしも言えません。書道でも隷書では「令」のように書く場合があり、書き方はさまざまと言うべきでしょう。どちらも誤りではない以上、好みの字形を使うのが一番であろうと思います。

7 「イチオシ」は漢字なら「推し」が多数派

質問

一番おすすめ！という意味の「イチオシ」。あえて漢字を交えて書くなら？

回答

一押し……20・6％
一推し……29・4％
イチ押し……18・3％
イチ推し……31・7％

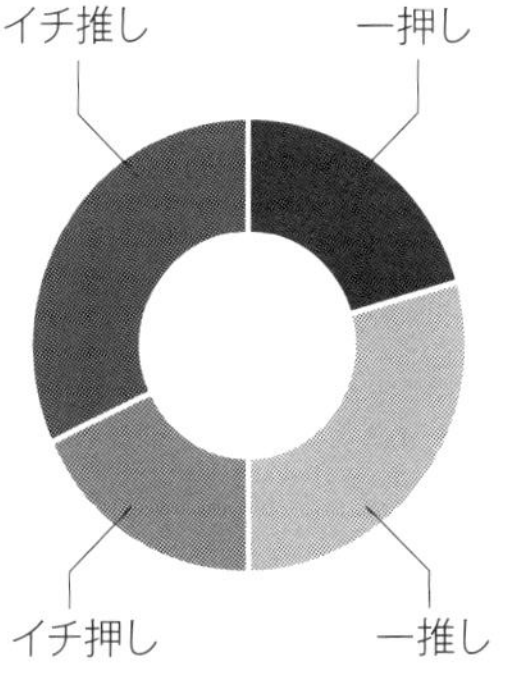

（2020/6/2掲載）

解説

「推」が「押」を上回る

「イチ」は漢字と片仮名で真っ二つに分かれましたが、「オシ」については差が付きました。「推し」が6割で「押し」が4割。推薦するという「推し」のほうが、プッシュするという「押し」よりも支持を集めています。最近は「推し」だけで使われることも多く、イチオシの表記にも影響を与えているかもしれません。

辞書は両方を載せるものが多数派

国語辞典で「いちおし」を引いてみたところ、見出し語として採録していた11点のうち、「一推し・一押し」（順不同）と両方の表記を載せているものが6点、「一押し」のみが4点、「一推し」のみが1点でした。「押し」のほうがやや分が良いですが、どちらも使われているという判断が大勢のようです。

しかし「一押し」のみを挙げている4点の辞書も、説明を見ると考えてしまいます。

第一番に推薦するだけの価値あるもの（新潮現代国語辞典2版）
最も推奨すること。一番のお勧め（大辞泉2版）
最も推薦できるもの。そうすること（岩波国語辞典8版）
まず第一に推薦・推奨すべきものであること。また、そのもの（明鏡国語辞典2版）

お気づきの通り、どの説明にも「推薦」「推奨」として「推」の字が出てくる一方で「押」は出てこないのです。

円満字二郎さんの『漢字の使い分けときあかし辞典』は、「おす」と訓読みする字の使い分けに当たって「《押》と《推》では、意味がかなり異なる。迷いそうになったら、『推薦』『推測』『推進』のどれかに置き換えられるかどうかを考えれば、判断がつく」と説明します。要するに「推薦」の意味であれば「推す」を使うのが普通だということです。

これに従うと「一押し」の表記を取りながら「推薦」の言葉を使った説明は少し気になります。「前面に押し出し、人に薦めたいもの」のような説明が欲しいところです。あるいは「推薦」を使うなら、表記に「一推し」を加えても差し支えなかったのではないでしょうか。

新聞では「押」が多いが…

もっとも、日本新聞協会の用語懇談会でも「意味としては『推』だろうが『押』がなじんでしまったのでは」という意見が出ており、メディアにおいて「一推し」があまり使われていないことが分かります。

毎日新聞でも、記事データベースで検索すると「一推し」「イチ推し」に比べて「一押し」「イチ押し」のほうが多く見つかります。「一押し」は「ひとおし」と読むものが多いので数字の上ではっきりしたことが分からないのですが、「イチ押し」と「イチ推し」は1987年以降でそれぞれ78件と6件（東京本社版）。明らかな差があります。

両方可能、「一推し」も自然な表記

しかし今回のアンケートの結果では「推し」を使う人が「押し」を上回りました。これはやはり、意味を考えれば「推薦」なので「推し」を使うほうが合理的だと考える人が多いということでしょう。

また近年になって「推し」が単独で使われることも影響していると考えます。三省堂現代新国語辞典6版は「推し」を「推すこと。人に推奨すること」としており、「最も推薦できるもの」

という「イチオシ」の説明とも重なります。

結論を言えば、「イチオシ」の漢字表記で「推」を使うのも多くの人に選ばれる自然な書き方であり、メディアで「押」が多く使われているとしても、それが「推」を使うことを妨げる理由にはならないでしょう。いずれの表記も「あり」なので、雰囲気やニュアンスによって使い分けるのもよいかもしれません。

その後 明鏡国語辞典3版（2021年）は「一押し・一推し」を併記しました。7版で「一押し・一推し」と併記し「『イチ押し』とも書く」という注記を入れていた三省堂国語辞典は2022年の8版では「一推し・イチ推し・イチオシ」の三つを掲げました。「推し」を選んだわけですが、片仮名表記も掲げたところが珍しいと思います。

8 浸透しつつある比喩的な「立て付け」

質問 「立て付け」の悪い法律――この「立て付け」の使い方、どうですか?

回答
分かるし、使う……7・9%
分かるが、使う時は「建て付け」とする……24・5%
分かるが、使わない……30・9%
分からない……36・7%

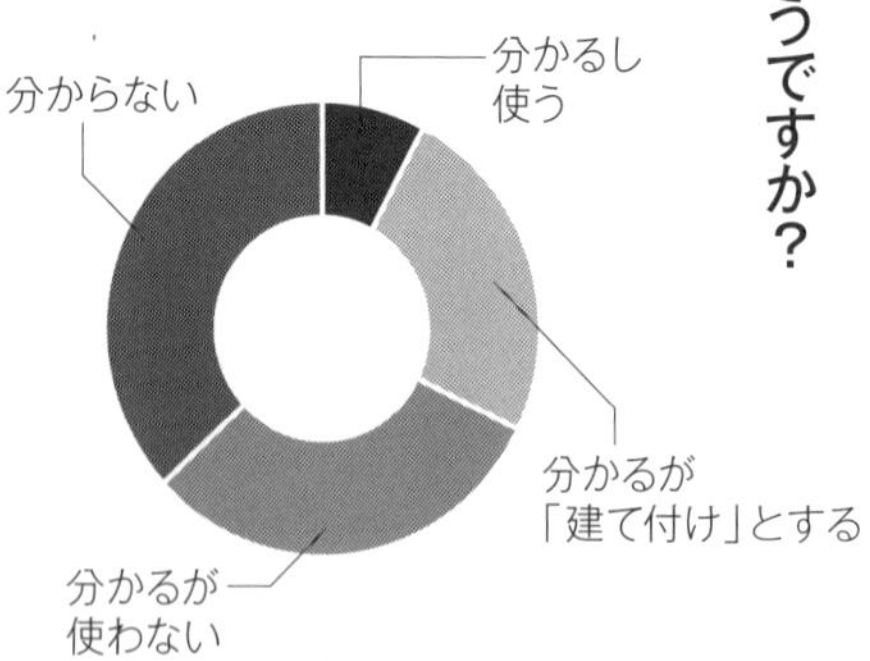

(2021/10/26掲載)

解説

「分かる」は6割、「使う」は3割

「意味は分かる」とする人が６割以上を占めたものの、自分で使うという人は３割強にとどまりました。また、表記については「立て付け」を使う人が１割に満たないという結果になりました。

建具の具合から比喩的な意味も

「たてつけ」を辞書で引いてみます。

【立て付け・建て付け】戸・障子などの開閉のぐあい（明鏡国語辞典３版）
【立て付け】〈いい・悪いの観点から見た〉戸・障子の開閉のぐあい（新明解国語辞典８版）
【立て付け・建て付け】建具と、かもい・敷居・柱などとの合いぐあい（岩波国語辞典８版）
【立て付け・建て付け】①戸・障子など建具の開閉の具合。②つづけざまにすること。たてつづけ（広辞苑７版）

【建て付け】戸・障子のあけたてのぐあい（三省堂国語辞典7版）

どの辞書も軒並み建具に関するもので、やはり「法律」にかかる語としてはそぐわないようにも思えます。

大辞泉2版は「立て付け」の表記で「続けざまに事を行うこと」、「建て付け」で「戸や障子などの建具の取り付け、またその開閉のぐあい」という意味を載せているのですが、年3回データを更新しているというデジタル大辞泉では「建て付け」の語釈②で「物事の仕組み。枠組み」としています。建具が壁にはまっている具合というところから派生したと考えられ、「法律の建て付け」「組織の建て付け」という用例を挙げています。

近年の国会では用例多数

質問の「立て付けの悪い法律」の場合はこの意味に近いでしょう。建具からの連想なので、単に「枠組み」という意味で使うよりも、それがしっかりしているかどうかなどに触れる場合に使う言葉のようです。紙の辞書になく、更新頻度の高いデジタル版の辞書には載っていることから考えると、最近になって「枠組み」といった意味が浸透してきているとも言えるでしょう。

日常生活ではあまり使わないように思いますが、政治やビジネスの現場ではよく使われているようです。国会会議録検索システムで「立て付け」を検索してみると、弁護士など参考人の発言も含めて900回以上使われています。調べられる限りでは初めて出てきたのが2005年。参考人の弁護士が「法制度の立て付け」と述べていたり、当時の閣僚が「法律の立て付け」と発言したりしており、15年以上前から主に法律や制度の枠組みといった意味合いで使われていることがうかがえます。

立て付け？　建て付け？

表記については、アンケートを見る限り「立て付け」はあまりなじみがないようですが、辞書では、

「立て付け」新明解国語辞典　※「『建て付け』とも書く」の注あり
「立て付け・建て付け」明鏡国語辞典、岩波国語辞典、広辞苑
「建て付け」三省堂国語辞典

となっています。毎日新聞では表記の取り決めをしていませんが、辞書を見る限り、どちらかの表記が誤りということはなさそうです。ただ、ネット上では「立て付けは誤用」とする記事も見受けられました。こうした情報や元の建築用語のイメージから「建て付け」を使う人が多いのかもしれません。

意味は分かるという人が半数以上を占め、辞書にも採用され始めていることを考えると、比喩的な「立て付け」も言い換えの必要性は低いのかなと感じました。ただ、広く一般に浸透しているとまでは言い切れず、文脈に応じて表現を考えなければならない場合もありそうです。

その後 三省堂国語辞典8版では「立て付け・建て付け」を併記し、「①戸・障子の、あけしめのしやすさ②〔考えて作られた〕仕組み。構造」と語釈を二つにしました。

column

「〜が欲しい」と「〜してほしい」

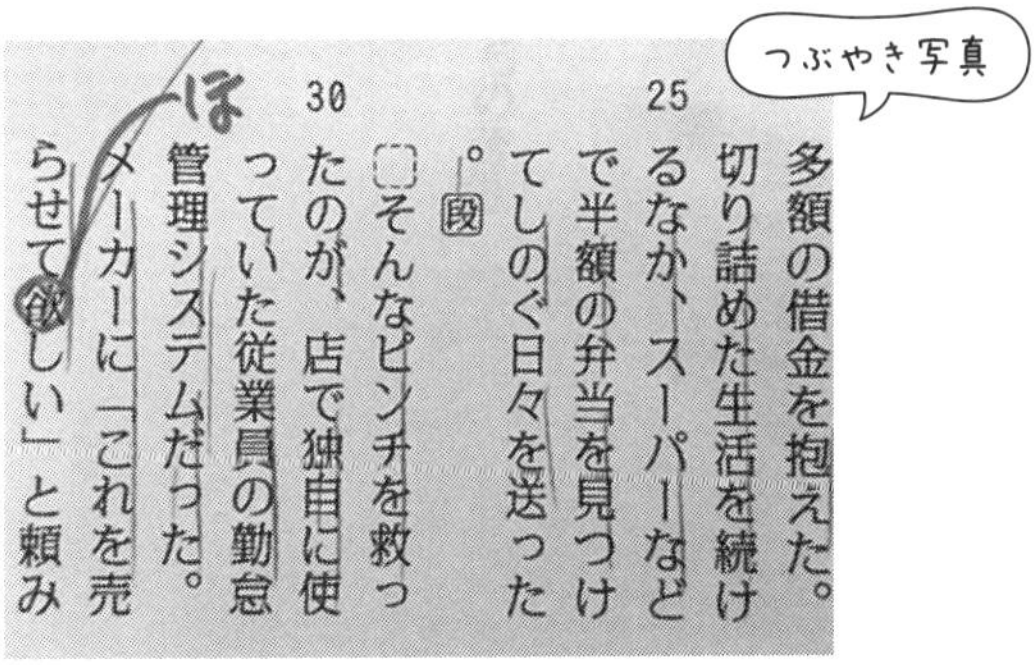

多額の借金を抱えた。切り詰めた生活を続けるなか、スーパーなどで半額の弁当を見つけてしのぐ日々を送った。(段)

□そんなピンチを救ったのが、店で独自に使っていた従業員の勤怠管理システムだった。メーカーに「これを売らせて欲しい」と頼み

「欲しい」は、「〜が欲しい」という場合は漢字ですが、「〜してほしい」など動詞に付いて「そうしてもらいたい」といった意味になる場合、毎日新聞では平仮名にしています。こういった付属的な意味を添えるため補助的に使われる語は漢字にしないことにしています。

この場合の「ほしい」は補助形容詞とされます。「ない」も補助形容詞として分類される用法があり、その場合はやはり平仮名で書きます。

ちなみに「名声をほしいままにする」などの「ほしいまま」は、辞書で「恣」「縦」「擅」などの表記がありますが、いずれも常用漢字表の範囲では「ほしいまま」と読むことはできないため、平仮名で書くことにしています。

「してほしい」だけじゃない 漢字で書けるのに仮名にする言葉

新聞では常用漢字表をよりどころにして漢字を使うかどうかを決めていますが、中には漢字が「使える」のに仮名で書くことにしているものもあります。

毎日新聞用語集には183ページ上の写真のように書かれています。

その漢字本来の意味が薄れた使い方のため、漢字より仮名のほうがなじむということでしょう。こうしたことを決めているのは毎日新聞だけではありません。

動詞・形容詞について、新聞をはじめ通信、テレビ各社が加盟する日本新聞協会の「新聞用語集」には「できるだけ平仮名で書く」ものとして「補助用言」が挙げられ、「行ってみる」「置いておく」「実施していく」といった例があります。共同通信の「記者ハンドブック」にも「動詞・形容詞の本来の意味、用法が薄れて、上にくる文節の補助の働きをするもの」として「…という（言）…である（有）…でない（無）…している・しておる（居）…してあげる（上）…していく（行）…しておく（置）…してくる・なってくる（来）…になる（成）…かもしれない（知）…してみる…とみられる…とみる（見）」を挙げています。

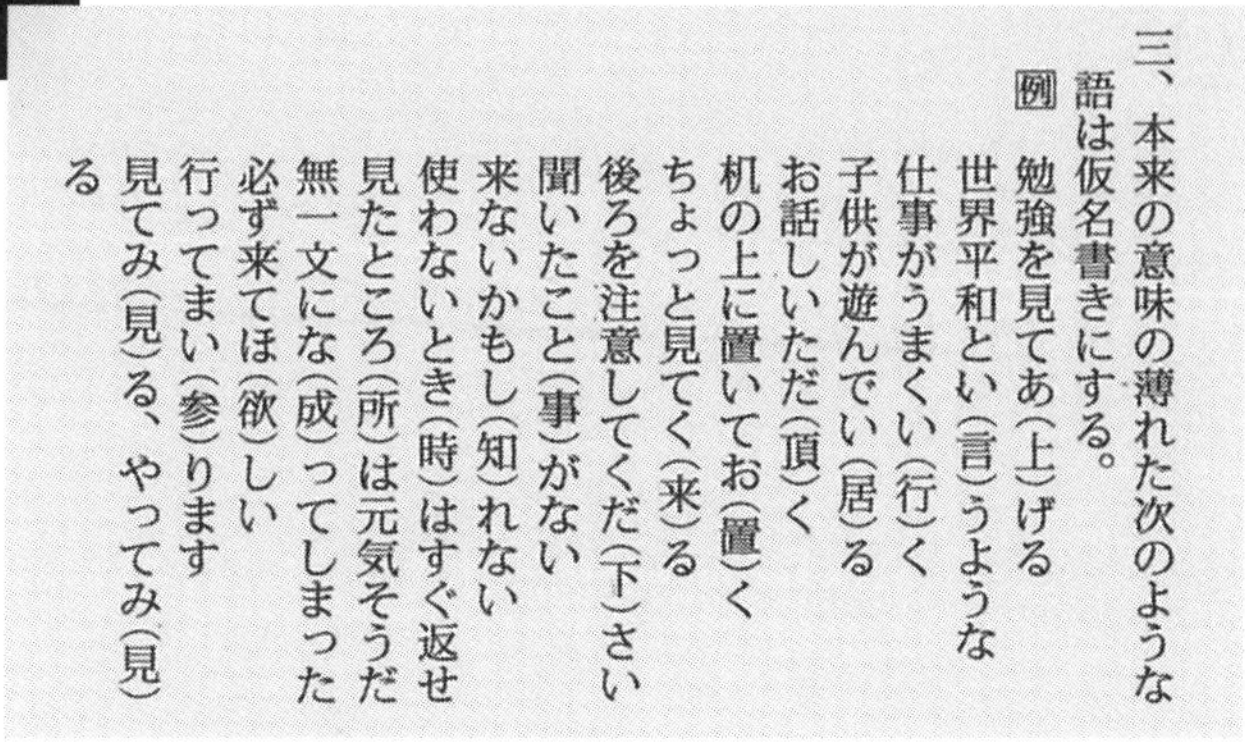
三、本来の意味の薄れた次のような
語は仮名書きにする。
例 勉強を見てあ(上)げる
世界平和とい(言)うような
仕事がうまくい(行)く
子供が遊んでい(居)る
お話しいただ(頂)く
机の上に置いてお(置)く
ちょっと見てく(来)る
後ろを注意してくだ(下)さい
聞いたこと(事)がない
来ないかもし(知)れない
使わないとき(時)はすぐ返せ
見たところ(所)は元気そうだ
無一文にな(成)ってしまった
必ず来てほ(欲)しい
行ってまい(参)ります
見てみ(見)る、やってみ(見)
る

漢字本来の意味が薄れた語は仮名書きにする(毎日新聞用語集2019年版)

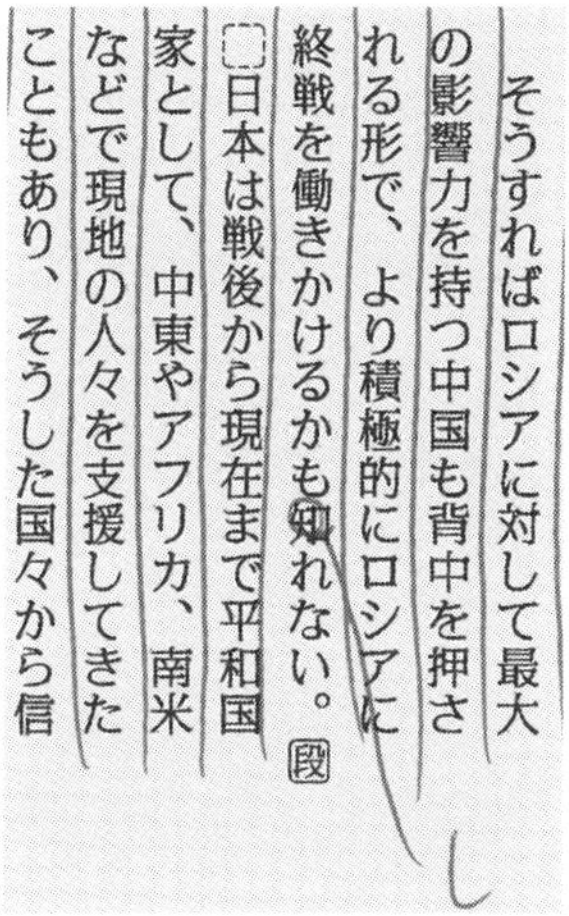
そうすればロシアに対して最大
の影響力を持つ中国も背中を押さ
れる形で、より積極的にロシアに
終戦を働きかけるかも知れない。段
〔〕日本は戦後から現在まで平和国
家として、中東やアフリカ、南米
などで現地の人々を支援してきた
こともあり、そうした国々から信

「～かもしれない」は仮名書きに

文化審議会が2022年1月にまとめた「公用文作成の考え方」にも「常用漢字表に使える漢字があっても仮名で書く場合」として「動詞・形容詞などの補助的な用法」である「～(し)て行く→ていく」「～(し)て頂く→ていただく」「～(し)て下さる→てくださる」「～(し)て来る→てくる」「～(し)て見る→てみる」「～(し)て欲しい→てほしい」「～(し)て良い→てよい」を挙げています。

第5章

意味で書き分けてみましょう

1 政権の「せいとうせい」は「正統性」としたいが…

質問 多数の意思に支えられた政権が「せいとうせい」を持つ――どう書きますか？

回答
正当性……55・2％
正統性……40・5％
どちらでもよい……4・3％

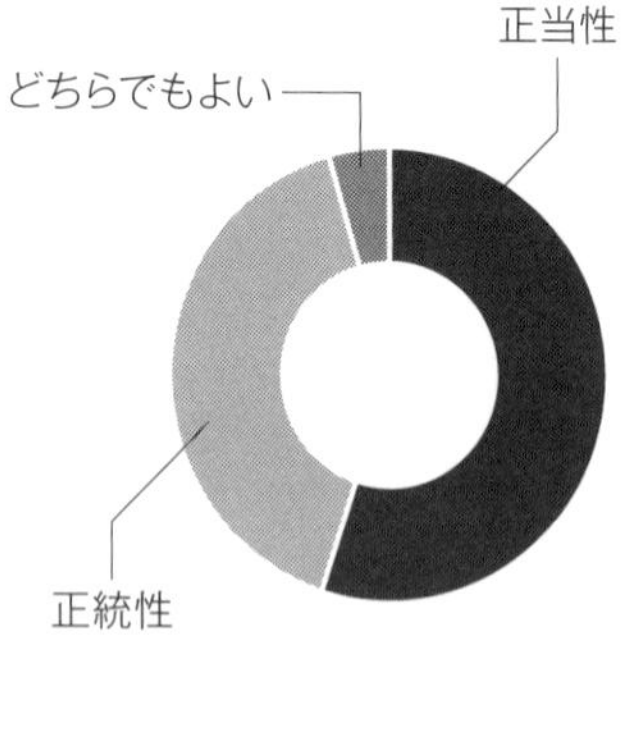

（2020/9/29掲載）

解説

「正当性」が過半数占める

「正当性」が過半数を占めました。「正統性」も4割程度で大差がついたとは言えませんが、日常的になじみのある「正当性」が選ばれやすい傾向はありそうです。

新聞協会用語集は「政権の正統性」を記載

毎日新聞用語集は「正当」を「不当の対語。正しく道理にかなう」と説明し、「正統」を「異端の対語。正しい系統」としています。「政権の正統性」という例も挙げており、したがって、毎日新聞としての正解は「正統性」になります。これは日本新聞協会の「新聞用語集」にも出ている用例なので、大抵の新聞社・テレビ局は同様の見解を取るだろうと思います。

ただし、実際の使い分けには難しい面もあるかもしれません。例えば、広辞苑7版は見出し語「正統」の子項目として「正統性」を載せていますが、説明は「国民が政治の仕組みと政府の活動を承認・支持する度合のこと。正当性とも書く」というもの。政権について使う場合は「正統性」が良かろうと感じさせる説明ですが、最後の一文「正当性とも書く」に、はしごを外されたような思いがします。

ちなみに「正当性」は「法律・社会通念から正当であると認められる状態にあること」。「正当」は「正しく道理にかなっていること」。政治に限らず、日常的にも広い場面で使えます。政治について言うなら、民主国家では、国民が投票で承認しない限りはどんな政権も政権として存立できないはずで、「法律・社会通念」に照らしても正当性は認められません。正統性と正当性が重なるのがあるべき姿とも言えるかもしれません。

政治学では使い分けを求めるが…

『新訂版現代政治学事典』（ブレーン出版、1998年）を見ると、「レジティマシー」の項目に「正統性、正当性」という日本語が添えられています。英語の legitimacy は一般に「正統性」の訳語があてられますが、事典の説明はもう少しあやがあります。

レジティマシーについて、①狭義の正統性（王朝系統の正統性）②正当性（社会的妥当性：社会的に妥当なものとして容認されている事実）③正統性（倫理的正統性：支配が倫理的に正しいとされる究極的根拠）――の三つに区分し、特に②と③の区分は大事だと言います。「正当性を持つもの、必ずしも正統性を持つものでなく、また、正統性を持つもの、必ずしも正当性を持つものではない」と。この二つを区別するからこそ、「被治者（国民）の抵抗権」なども説明できるということです。

しかしやはり、「一般に、この両者は十分に区別されず、時には混同されている」とも言います。これは同音で紛れやすい日本語についてだけでなく、外国語の場合も含めてのコメントで、そもそも概念として使い分けに難しい部分があるのでしょう。

使い分けの意識は持ちたい

アンケートの結果は「正当性」が「正統性」を上回りましたが、大差が付いたわけではなく、新聞協会が推す「正統性」に対する違和感はさほどなかろうと思います。細かく使い分けるのが難しいので用途の広い「正当性」で全てカバーするということも不可能ではないと思いますが、完全に同義語とは言えない以上、政権については「正統性」を使うことをおすすめしたいと考えます。

2 エンジンは「吹かす」？「噴かす」？「蒸かす」？

質問 車のエンジンをブンブンと「ふかす」。漢字で書くと？

回答
吹かす……26・4％
噴かす……40・3％
蒸かす……8・5％
仮名書きがよい……24・7％

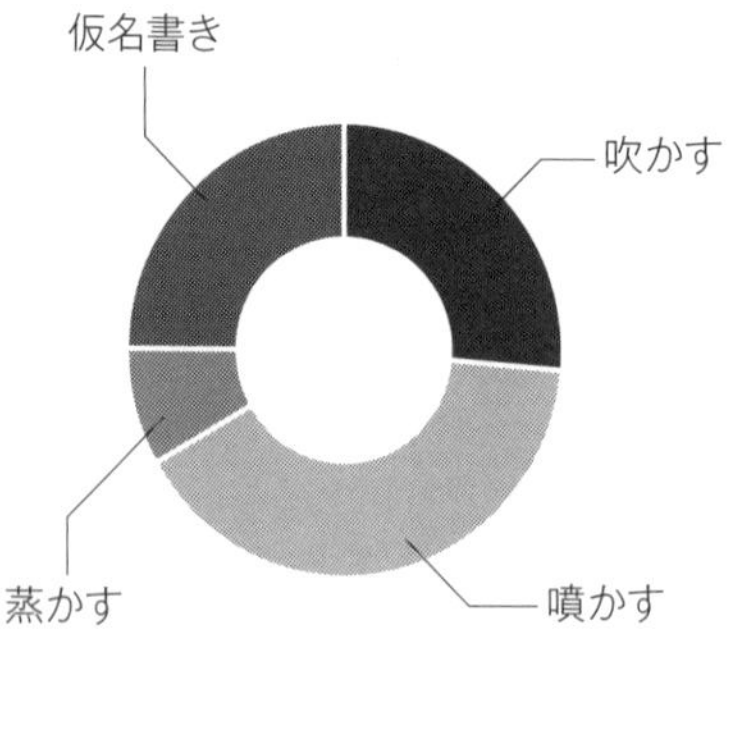

（2019/8/13掲載）

解説

「噴」が4割で最多

「噴」が最多の4割を占めました。「吹」と「仮名書き」がともに4分の1程度。やはりエンジンというと爆発のイメージがあるために「噴」の字が選ばれることになったのでしょうか。

辞書の大半は「吹」で表記

国語辞典の大半、および新聞・通信社の用語集の過半は「エンジンを吹かす」という書き方を採用しています。現代国語例解辞典5版は「燃料を多く吹き込んでエンジンを速く回転させる」と説明しており、この「吹き込んで」というところに「吹」を使う理由を求めているのかもしれません。

エンジンの仕組みは、燃料の混じった混合気をシリンダー内に吸い込む「吸気」▽その気体をピストンで圧縮する「圧縮」▽圧縮された混合気に点火する「爆発」▽燃焼後の気体をシリンダーの外へ出す「排気」――というプロセスの繰り返しです。「ふかす」という営みを気体の移動する過程と捉えれば、さかんにエンジンを回転させることは「吹かす」としてよさそうに思えます。

風を送るのが「吹」、勢いが「噴」

漢字学者、白川静の『字統』（平凡社、1984年）は「吹」の字について、「説文解字」（古代中国の字書）の二つの部にあるといい「口部には『嘘《きょ》するなり』、欠部には『气《き》を出すなり』とあって、意味は同じ」とします。「嘘する」は「うそぶく」の意。「口をすぼめて息を強く吐き、また、音を立てる」（日本国語大辞典2版）ということで、やはり息を吐くことです。「吹かす」という文字遣いで意味されるのは、風を送ることと考えてよいでしょう。

「噴」は「賁」に「中より外にあらわれるものの意がある」（字統）とのこと。「噴嚏《ふんてい》（くさめ）は中からふき出して止めがたいもので、そのような勢いのものを噴出、噴盈《ふんえい》のようにいう」（同）。くしゃみのように勢いの良いものについて使うのが「噴」ということ。毎日新聞用語集には「エンジンが火を噴く」という例が載っています。ロケットエンジンであれば勢いよく火を噴き出させるのは当然と言えますが、自動車のエンジンの場合に「噴かす」と言ったら何が起きるのか、想像しにくい感じもします。

自動車関係では「吹」が使われる

ツイッターへのコメントでは「エンジン関係だと『吹かす』以外にも『吹け上がり』『吹けが良い』など自動車業界で長く使われてきた強みがある」という声も。毎日新聞の過去記事を見ても、自動車のエンジンについて「吹け上がり」「吹き上がり」を使っているものがありました。エンジンの回転数の上がり方について言う言葉ですが、こうした用字を見るとやはり「吹かす」に分がありそうです。

国語辞典で「噴かす」の表記も立てた岩波国語辞典7新版は「エンジンを噴かす」として「エンジンを回転させる、またはその回転数を増す」という意味を載せていますが、注記に「蒸気機関についての『蒸かす』の転用か」と言います。

アンケートでは「噴」が多いという結果になりましたが、辞書や使用実態を見る限りでは「吹」を使うほうが良いとも考えられます。

3 「光景」と「風景」 災害の様子に合うのは？

質問

「洪水で変わり果てた町の○○を眺め立ち尽くした」。○○に入れるならどちら？

回答

光景……78・8％
風景……15・9％
どちらでもよい……5・3％

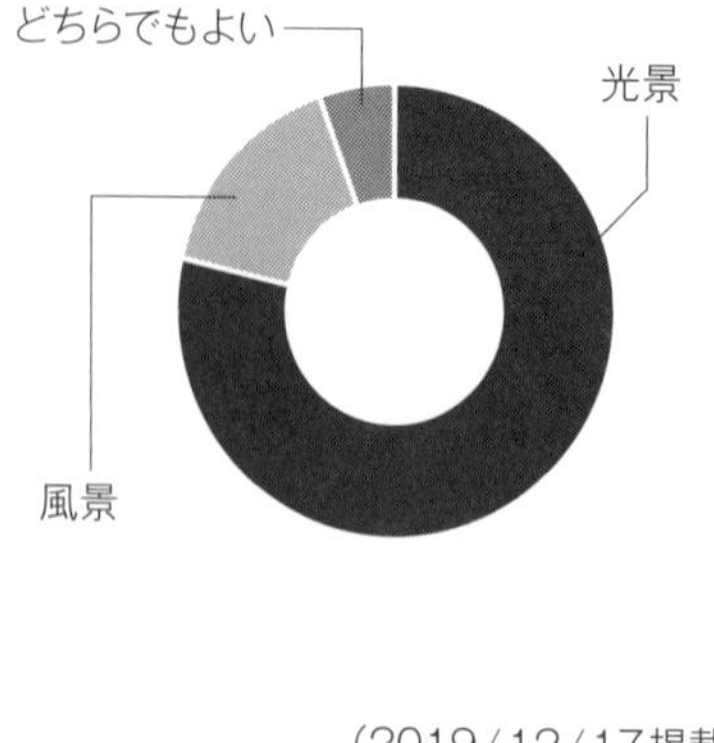

（2019/12/17掲載）

解説

8割近くが「光景」選ぶ

「光景」が8割近くを占めました。出題時には、台風の被害の様子を目にした被災者が「その風景を忘れられない」という例を出したのですが、こうしたケースではやはり「風景」より「光景」のほうが、すんなり読める文章になるようです。

インパクトのある「光景」、落ち着きのある「風景」

『類義語使い分け辞典』（研究社）によると、風景は「『田園［正月・心象］風景・お祭りの風景・家族団らんの風景・風景写真』など（中略）落ち着き・静けさを感じさせるもの」。対して光景は「『夏の日の光景・忘れがたい［おぞましい］あの事件の光景』など、実際に目で見た『景色・風景・様子・場面』などを表し、心に深く刻み込まれて、いつでもありありと思い出すことのできるもの」。

これに従えば「風景」は基本的には好ましい情景、見ていて心が穏やかになるようなものに、「光景」は良くも悪くもインパクトの強い場面に使うということになるでしょう。見慣れた景色については「光景」とは言いにくそうです。

複合語では「○○風景」となる

これで大まかに使い分けの基準は作れるかと思ったのですが、毎日新聞の以前の記事には「死亡直後の解剖風景」というものも。先ほどの使い分けからすると「光景」のほうがふさわしそうですが、「解剖光景」とするとしっくりきません。

これについては、２００７年に国立国語研究所がテキストデータ「日本語コーパス」を公開した際の分析が説明になりそうです。毎日新聞の記事を用いたその分析によると、「○○風景」の形を取るものは「原風景」「日常風景」など94種類２４６件あったのに対し「○○光景」は「日常的光景」「歴史的光景」「神話的光景」の３種３件のみでした。

つまり「風景」は「光景」より造語力が圧倒的に強く、複合語になる場合は「○○光景」でなく「○○風景」が選ばれやすいということでしょう。どちらを使うかは内容のみによらず、言葉のつながりにも左右されるわけです。

調和が失われ、衝撃的な「光景」に変貌

国語辞典の中では、新明解国語辞典7版が両者の差を詳しく解説していました。「風景」は「Ⓐ目を楽しませるものとしての、自然界の調和の取れた様子　Ⓑ接する人に好ましい印象を与える場面」。「光景」は「その人が実際に目で見た、印象深い景色や、ショッキングな事件の様子」。『類義語使い分け辞典』とよく似ていますが、注目したいのは風景のⒶの記述。近年増えてきた異常気象による災害は、まさに本来の「自然界の調和」が失われた状態です。基本的に恵み深い自然の中で生きてきた日本人にとって「ショッキングな」眺めに違いありません。今回の洪水の例文で「光景」が多数派になったことをよく説明するものだと思います。

4 「柔らかい肉」が「軟らかい肉」より圧倒的に人気

質問

「柔らかい肉」と「軟らかい肉」。印象は変わりますか?

回答

「柔」のほうがおいしそう……77・5%
「軟」のほうがおいしそう……15・2%
特に差は感じない……7・3%

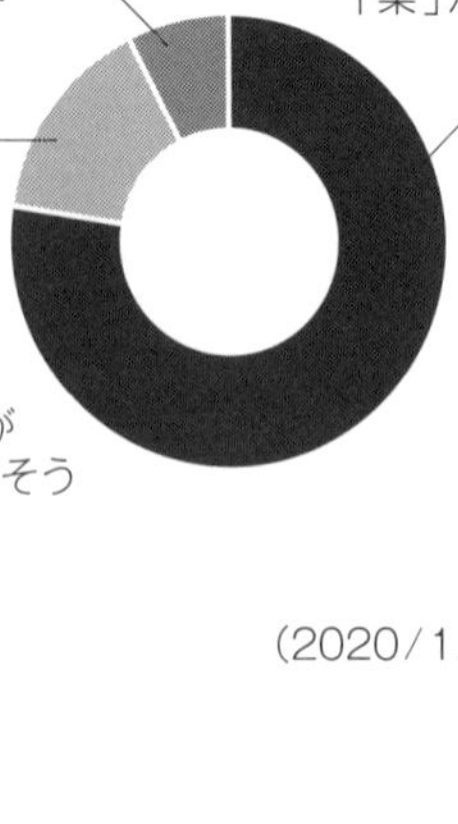

(2020/1/17掲載)

解説
調理の前後で使い分けるケース

毎日新聞用語集では「柔」は「剛の対語」で、「柔らかい皮・茎・果物・布地・葉・実・芽」との例を挙げています。対して「軟」は「硬の対語」で、「大根を軟らかく煮る」という例があります。この規定からすると、普通「肉が硬い」と書く以上「肉が軟らかい」とするのが基本になりますが、アンケートでは「柔らかい肉」が8割近くと圧倒的支持を集めました。

共同通信の「記者ハンドブック」には、「柔」「軟」の使い分けについて次のような注がついています。

食べ物は調理前の素材（肉や果実など）自体の性質は「柔」、調理の結果は「軟」だが、どちらかはっきりしない場合も多いので、平仮名書きでよい。

なるほど、一つには「調理前＝柔、調理後＝軟」という使い分けがあり得るようです。しかし、調理した肉を「軟」で表すのは「おいしくなさそう」という悩みは解決できず、「平仮名書き」

も一つの手でしょう。

「書き手の好み」次第という見方

「柔」「軟」は、食べ物に限らず使い分けの難しい漢字です。文化庁「言葉に関する問答集8」（1982年）によると、「『柔』は『しなやか』『おだやか』、『軟』は『ぐんにゃり』『手ごたえがない』という意味であるが、『柔軟』という語もあるように、『柔』と『軟』とは、意味上極めて近い関係にあると考えられる」。

用例を見ると「柔」のほうが数が多く、また「軟」を使っている場合でもほとんどの場合「柔」に置き換えが可能であるとのこと。そのため「問答集」は「『柔』の方が代表的表記であり、しかも使用範囲が広い」とした上で、どちらでも通用する場合に「『柔』と『軟』のどちらを使うかは、ある程度、書き手の好みによるようである」「どちらを書くか迷う場合には、『柔』（または仮名書き）を使う方が無難であろう」と結論づけています。

円満字二郎さんの『漢字の使い分けときあかし辞典』では、「柔」は「広く〝弾力がある〟という意味」で、「軟」は「〝一定の形を持たない〟ことを表す」と整理します。そのため「『軟らかい肉を食べる』のように《軟》を使うと、〝崩れやすい〟という意味だが、〝弾力がある〟

場合には、《柔》を使って『柔らかい肉を食べる』」と使い分けることになります。

しかし「問答集」と同様、「柔」「軟」の意味は厳密に区分できるものではないので「迷ったら、どちらか好きな方を書くか、かな書きにしておくのが、おすすめ」だそうです。

食の雑誌には「しっとり柔らか」な肉も

3パターンの解説を見てみましたが決定打はありません。「調理後であること」に重きを置いて「軟」、「意味の広さ」を重視して「柔」、無難に平仮名……など、いろいろな考え方があり得ます。

「おいしくなさそうに見える」と言われた「軟らかい肉」も、筋が多くてかみ切れないような硬い肉に対する表現であれば、必ずしもマイナス評価とは限りません。それでも今回のアンケートで「柔」が強かったことからすると、皆さんが求めているのは「しなやか」で「弾力がある」肉だ、ということなのかもしれません。

食の雑誌「ｄａｎｃｙｕ」（プレジデント社）２０２０年2月号を見ると、「厚切り豚肉の生姜焼」に「日本酒をたっぷり使って、しっとり柔らか」との見出しがついていました。「とんかつのようにカットされた一切れを口にすると、しっとりと柔らかい」とのこと。全力でおいしく見せようとする食の雑誌も「柔」を選んでいました。

「柔軟」に使い分けてよさそう

というわけで、「剛に対しては柔」「硬に対しては軟」の原則はあるとしても、好みも踏まえて「柔軟」に使い分けていいのではないでしょうか。アンケート結果の通り「柔のほうがおいしそうに見えるからこちら」ぐらいの緩いスタンスでよかろうと思われます。

5 ほどよい「かたさ」には「固さ」がおすすめ

質問

ほどよい「かたさ」のイチゴという場合、どう書きますか?

回答

固さ……38・2%
堅さ……6・0%
硬さ……35・6%
かたさ……20・2%

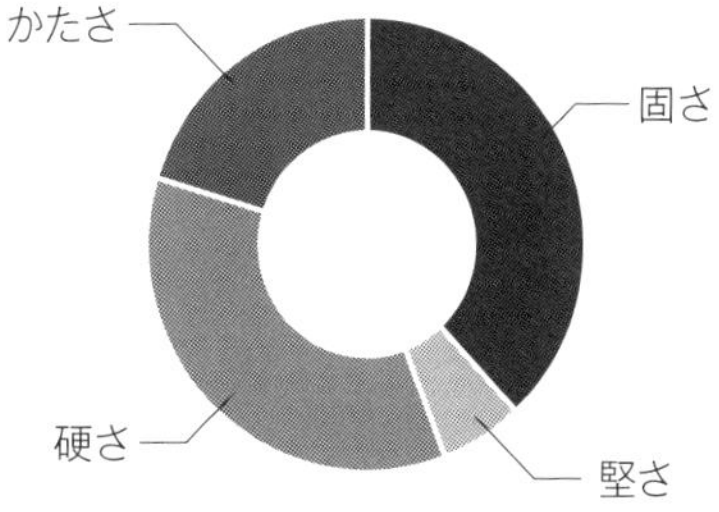

(2020/1/24掲載)

解説

「固さ」と「硬さ」が僅差

回答が最も多かったのは4割弱の「固さ」でしたが、「硬さ」も僅差で続いています。いずれかが誤りというものではありませんが、よりよいのはどちらか。支持が多いものを選べばよい、というわけにはいかないようです。

「かたい物」の書き分け方

「かたい」の使い分けについて、文化審議会国語分科会の報告『「異字同訓」の漢字の使い分け例』（2014年）は以下のように示しています。

【堅い】中身が詰まっていて強い。確かである。
堅い材木。堅い守り。手堅い商売。合格は堅い。口が堅い。堅苦しい。
【固い】結びつきが強い。揺るがない。
団結が固い。固い友情。固い決意。固く信じる。頭が固い。

【硬い】（⇕軟らかい）。外力に強い。こわばっている。
硬い石。硬い殻を割る。硬い表現。表情が硬い。選手が緊張で硬くなっている。

それぞれについて「中身が詰まっていて強い」「結びつきが強い」「外力に強い」とニュアンスの違いを説明しています。しかし、これらは「かたい物」の書き分けについて示唆を与えてくれるのですが、「あまりかたくない物」をどう書き分けるかについてはもう少し別の切り口が欲しいところです。

対義語から考える

文化庁の「言葉に関する問答集10」（１９８４年）は「『硬い』と『堅い』と『固い』の使い分け」という項目で、この話題を取り上げています。要約して引くと、

「硬い」は「力を加えても形が変わらない」状態を表し、その反対は「やわらかい（軟）」
「堅い」は「中が詰まって砕けにくい」状態を表し、反対は「もろい」
「固い」は「全体が強くて形が変わらない」状態を表し、反対は「ゆるい」

とのこと。それぞれに対義語を挙げて、用法をより具体的に考えさせてくれます。

イチゴの場合、対義語で言うと「やわらかいイチゴ」は考えられても「もろいイチゴ」や「ゆるいイチゴ」はなさそうなので、やはり「硬いイチゴ」がよいだろうかと感じます。ただし、「力を加えても形が変わらない」という説明では、「硬いイチゴ」と書いた場合にちょっと歯が立たないかと思わせるような、食べごろと言うにはほど遠いイチゴという印象を受けます。

一般性があるのは「固」という見解

円満字二郎さんの『漢字の使い分けときあかし辞典』では「かたい」の使い分けについて「最も一般性があるのは、《固》である」としており、「広く用いることができ、どのような場合に使っても、ほとんどは間違いにはならない」と言います。一方で「硬」については「変化すべきなのに変化できない」という意味にも使われると言い、食べ物が「かたい」場合について次のように説明します。

ちょっと悩ましいのは、食べもののゆで加減や焼き加減で使われる「かたい」。基本的には《固》

を使っておけばよいが、〝やわらかくなるべきなのに変化できない〟で「かたい」ままである場合には、〝硬〟を使うとより雰囲気が出る。

イチゴの場合は調理をするわけではありませんが、食用にあたってはほどよく熟して「やわらかくなるべき」ものですから、それが「かたい」ままである場合に「硬」を使うのは納得できる用法と考えられます。

一方で、今回の質問文の「ほどよい『かたさ』」という場合には、「やわらかくなるべき」程度のかたさに達しているので、「硬」以外の字がよりふさわしいと考えられます。この場合には最も一般的という「固」を使うのが、より共感を得られる書き方と言えそうです。

ほどよい場合は「固」、かた過ぎには「硬」

アンケートの結果は「固さ」と「硬さ」が均衡しましたが、どちらを使っても間違いではないというのは改めて強調したいところです。その上で、よりその場にふさわしい表記を求めるなら、ほどよいかたさの場合は「固」、かた過ぎる場合には「硬」を使うのがよいと考えます。

6 おろそかにしたくない「おざなり」と「なおざり」の差

質問

政府が基礎研究を「〇〇」にしてきたため、困ることになった——どちらを使いますか？

回答

おざなり……57・8％
なおざり……34・8％
どちらでもよい……7・4％

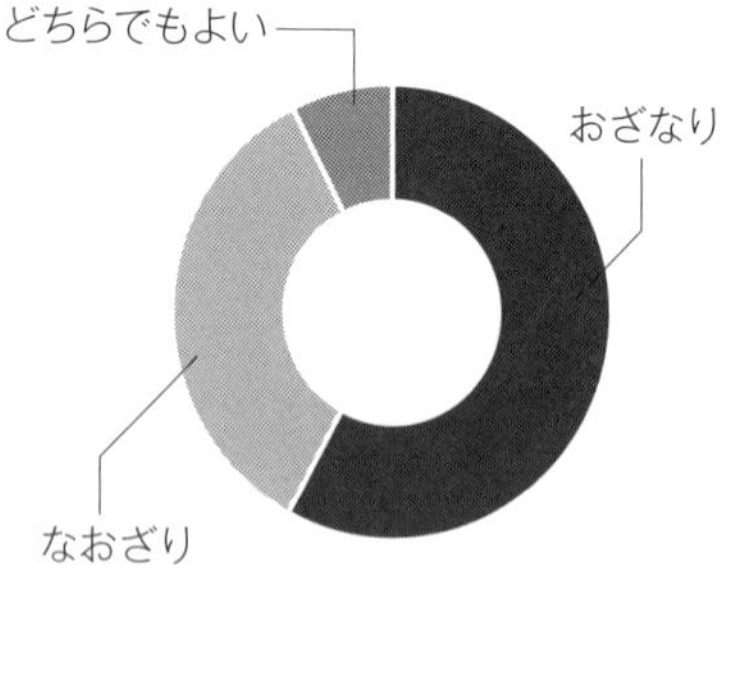

（2021/3/16掲載）

解説

「おざなり」が優位だが…

政府が基礎研究を「おざなり」にしてきたとする人が過半数を占めました。「なおざり」を選んだ人は3分の1程度。設問の例ではどちらがよいか割り切れないかもしれませんが、二つの言葉の違いを見ることから考えていこうと思います。

「おざなり」が使えない場合

『海に生くる人々』(葉山嘉樹著)に「尊い人間の生命を等閑にしたのは、どいつだ!」というくだりがあります。「等閑」とありますが、会話文でもあり、これは「なおざり」と読むところでしょう。「なおざり」の代わりに「おざなり」を当てはめることができない例です。

なぜ「おざなり」を当てはめることができないか。「おざなり」は「誠意のない、その場かぎりの間に合わせであること。『おざなりの環境保護対策』『おざなりに報告して済ます』」(明鏡国語辞典3版)。要するに、本来ならきちんとしなければいけないことを、いいかげんに、やっつけ仕事として済ませることを言います。「御座形」という漢字表記からも分かるように、お座敷から用事を済ませようとするのは真面目な態度ではないということです。

しかし、「生命を〜」などという場合、「生命をいいかげんに済ませる」というわけにもいきません。一方の「なおざり」は「物事を軽くみて、いい加減にしておくこと。おろそか。等閑」（同）。こちらも「いいかげん」という意味を含みますが、「おざなり」のいいかげんさには怠惰さが感じられるのに対し、こちらは「軽視」という価値判断がにじみます。「生命を軽く見る」なら話も通じます。

「おろそか」に近い「なおざり」

国語学者、松井栄一さんの『ちがいがわかる　類語使い分け辞典』（小学館、2008年）は「なおざり」の項目で、「なおざり・おろそか・ゆるがせ・いい加減」を類語として取り上げています。「基本の意味」は、いずれも「物事への対応が不熱心・不徹底であるようす」。「おざなり」は比較の対象としては取り上げられていません。

意味として「『なおざり』は、大事なことをそのままほうっておいたり、真剣に対応しなかったりするようす。『おろそか』は、重視・尊重すべき物事・対象であるのに、そういうものとして扱わないようす」と言います。先の引用の例に即すると「生命をおろそかにする」と言うこともできます。「なおざり」は類語の「おろそか」と同様、いいかげんな態度のうちにも、価値判断が含まれていると考えるべきでしょう。

「おざなり」については、「類似の語」として注記されています。「その場の間に合わせで中途半端に済ませるようす。『なおざり』と混同されやすいが、意味は異なる」と言い、使い分けに迷うのはあくまで語形が似ているからだと言っているようです。

なぜ「なおざり」のほうがなじむのか

さて、以上を踏まえて質問文の例を見ます。

政府が基礎研究を「おざなり」にしてきた、とするならば、間に合わせながらも政府は基礎研究をしてきた、という話になります。しかし実際に基礎研究をするのは、政府ではなく大学や研究機関のはずです。「政府は基礎研究に関する施策をおざなりにしてきた」くらいなら、なんとか読めるでしょうか。

政府が基礎研究を「なおざり」にしてきた、とするなら、本来重視すべきものを軽視して、すべきことをしないまま放置してきたという意味に読むことができます。この場合は政府が基礎研究の主体である必要はありません。基礎研究を重視すべきだとする主張を政府が取り入れなかった、といった場合でも「なおざり」ならば当てはまります。

一応するのが「おざなり」、しない場合もある「なおざり」

最後に、毎日新聞用語集からこれら2語の使い分けの項目を引きます。

（基本を）おざなりにする→基本をなおざりにする
なおざりな返事→おざなりな返事
「おざなり」はいいかげんな態度ですること、「なおざり」はいいかげんに考えて放置すること

一応「する」のが「おざなり」、「しない」場合もあるのが「なおざり」ということです。
「基本をする」とは言いにくいように、「○○をする」と言いにくい場合には、「○○をおざなりにする」という形は使えない、と考えるのもよいかもしれません。

column

「づくし」と「ずくめ」の違い

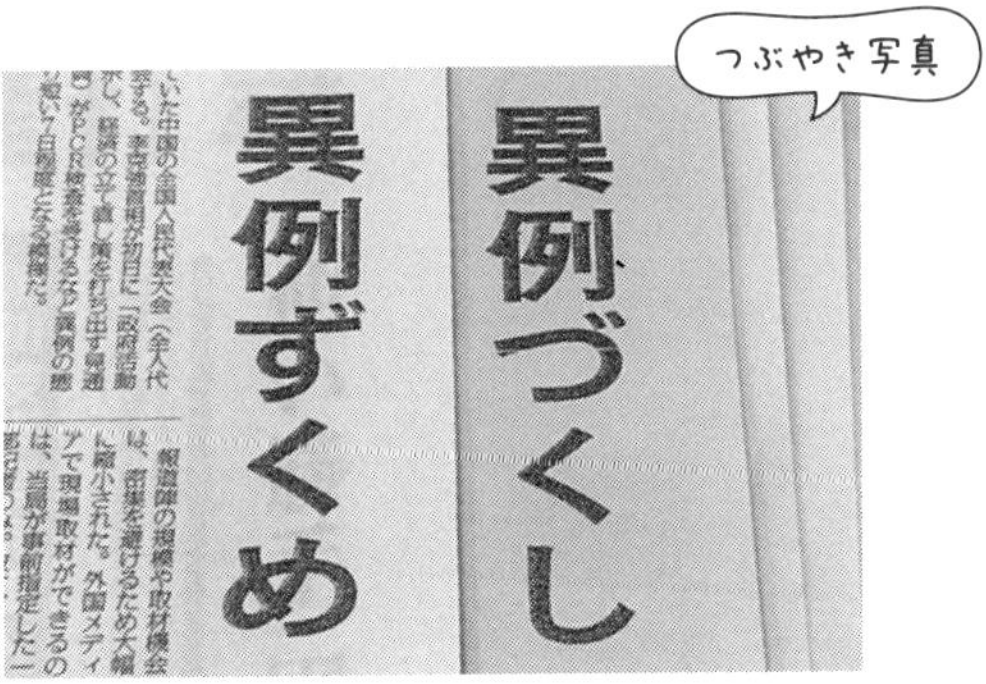

「今回は異例のことばかりだ」という場合、「異例づくし」ではなく「異例ずくめ」が適切。似ている感じもしますが、意味が違います。また「ずくめ」が「づくめ」ではないのは現代仮名遣いの原則です。

「づくし」は「(昔、教育上の目的などで)同類に属する物をなるべく多く列挙したもの」(新明解国語辞典8版)。「国づくし」「花づくし」など、一覧で示したもののことです。

一方、「ずくめ」は「それ以外の状態がそこには見られないこと」(同)。「黒ずくめ」「いいことずくめ」などのように使われます。

「ずくめ」について大辞林4版は「歴史的仮名遣いは『づくめ』とされていたが、下二段動詞『すくむ』の連用形に由来するものとみられる」としています。

7 「食料危機」か「食糧危機」か

質問

穀倉地帯での戦乱により「食りょう」危機が迫っている――どう書きますか?

回答

食料……7・4%
食糧……84・6%
いずれでもよい……8・0%

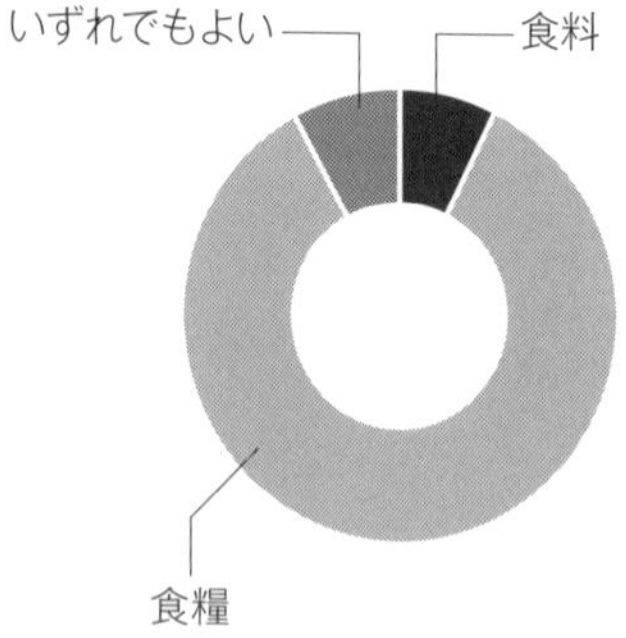

(2022/7/14掲載)

解説

大多数は「食糧」を選択

ロシアによるウクライナ侵攻で穀物の出荷が滞っていることが大きく影響し、食べ物の不足・高騰など「食りょう危機」が問題になっています。この場合、「食料」と「食糧」のいずれの表記を用いるほうがよいでしょうか。

「食糧」を選んだ人が8割を超え、「食料」は1割にも届かないという結果に。質問文に「穀倉地帯での……」という記述があるためだろうとは思いますが、ここまではっきり差がつくとは驚きました。

記者ハンドブックは「両様ある」

毎日新聞用語集は「しょくりょう」の項目で「食料（食べ物全体）食料自給率、食料品（店）、生鮮食料」「食糧（穀物を中心とした主食物）食糧安保、（旧）食糧管理制度、戦後の食糧難」という使い分けを示しています。一方で「食料・糧援助」「食料・糧事情」など、両方の表記が使われる例もいくつか挙げているのですが、「食料・糧危機」はそちらに含まれています。

場合によりけりということになるわけですが、今回の危機に関しては「食糧」よりも「食料」のほうをよく見かけます。

2022年春に改訂された共同通信の「記者ハンドブック」も見てみましょう。

しょくりょう
=食料〈食べ物全体〉携帯食料、食料安保、食料サミット、食料自給率、食料品
=食糧〈穀類を中心とした主食物〉(旧)食糧管理制度、食糧法、戦後の食糧難
〈次の用語は両様ある〉食料(糧)援助、食料(糧)危機、食料(糧)供給、食料(糧)事情、食料(糧)需要、食料(糧)不足、食料(糧)問題、食料(糧)輸出(入)

ツイッターにも「共同通信社の記者ハンドブックでも、どちらかの例より、『両様ある』とされている例のほうが多く記載されている」という声が寄せられましたが、まさにその通り。場合によって判断すべきだというケースが多く、案内があまりうまくいかないのです。

「料」と「糧」の違いは？

しかしこの「食料」と「食糧」、どの程度違うと考えるべきなのでしょう。熟語の中で異なる文字は「料」と「糧」。白川静『字統』を引くと、「料」は「米と斗とに従う。斗は柄のついたますで、穀を量るもの」と言います。一方の「糧」は「量は穀量をはかる橐《ふくろ》の形。それによって一定量をはかるので、糧とは食糧をいう」とのこと。要するにどちらも穀物をはかることを表す文字で、文字の意味にあまり違いはないようです。

文化庁「言葉に関する問答集7」（1981年）は「『食料』と『食糧』の使い分け」という項目で、この語をどう扱うべきかに触れています。

「食糧」の糧には「かて、ねんぐ、ふち」の意味があり、「食糧」は農産物、特に米や麦などの穀類、つまり主食について用いることが普通であり（後略）

それに対して、「食料」は本来、食事の材料という意味であり、一般には、肉類・野菜・果物・調味料など、主食以外の食品を指していうことが多い。

要するに使い分け方については、新聞社の用語集などとさほど変わらないということです。しかしさらに「米や麦などの主食と主食以外の食品をも含む広い概念としては、どちらを用いるかということが問題になる」というのですが、こうなると途端に歯切れが悪くなり、結局は「主要食品と主食以外の食品とを含む広い意味の場合に関しては、表記は必ずしも一定していず、ゆれているというのが現状である」と結ばれます。やはり場合によりけりということになりそうです。

ふさわしい表記をどう判断するか

しかし今回のアンケートでは「食糧」が8割を超えており、正直なところ意外でした。「食料」と言うと日常的な食料品と共通する面が目立つため、非日常的な戦争から引き起こされた「食りょう危機」とはなじまないと感じられたのではないかと推測しますが、どうでしょうか。

毎日新聞の記事データベースで、今回のロシアによるウクライナへの侵攻が始まってからの用例（2022年2月24日〜7月13日、東京本社版、地域面除く）を検索すると、「食料危機」が40件で、14件の「食糧危機」よりも優勢です。ウクライナからの穀物輸出の停滞が危機の一つのきっかけではあるものの、油や砂糖、肉類にまで禁輸措置が広がりつつあり、食物全般に影響が及んでいるためと考えます。共同通信の記事データベースでは「食料危機」が181件、「食糧危機」が1件のみと、こちらは明らかに表記が統一されているようです。

確かに「食料危機」で統一するというのも分かりやすい立場だとは思うのですが、今回のアンケートのように「食糧」をよしとする傾向が強い可能性も考えると、その場面に合った使い方を模索する必要があるのではないでしょうか。「両様ある」というのは常にどちらでもよいということではなく、それぞれにふさわしい場面があると考えるべきでしょう。

8 「不用」と「不要」の微妙な関係

質問

「ふよう」になった物を処分する――どう書きますか?

回答

不用……27・5%
不要……47・0%
いずれでもよい……11・4%
二つを使い分ける……14・1%

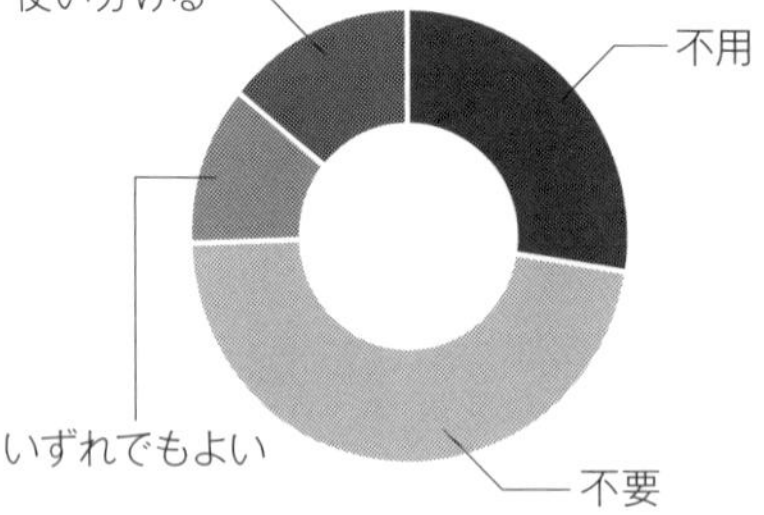

（2021/1/8掲載）

解説

最多は「不要」も半数届かず

「不要」を選んだ人が最多でしたが、半数には届きませんでした。「不用」は4分の1ほど。いずれでもよいという人は1割強で、意外に少ないという印象を持ちました。大きく支持を得た表記はなく、場合によって表記が揺れることも考えられます。

古くからの表記は「不用」

そもそも「不用」と「不要」は違うのか。国語辞典を引いてみても、新明解国語辞典8版などは「ふよう」の項目に「【不要】・【不用】」をひとまとめに載せているほどで、意味の違いをあまり追究しない考え方もあるようです。

しかし、日本国語大辞典2版を見ると、記述の分量の差が目を引きます。「不用」の項目は56行あるのに対し、「不要」は7行のみ。用例も「不用」は「土佐日記」(10世紀)のものが既にあり、「宇津保物語」(同)、「枕草子」(同)など豊富な一方、「不要」の古い例は「正法眼蔵《しょうぼうげんぞう》」(13世紀)が挙げられるのみ。広辞苑7版も「不要」の項目で「明治期の造語」と注記しており、古くから用いられているのは「不用」だと言えるでしょう。

土佐日記の用例は「今日、節忌（せちみ）すれば、魚（いを）不用」というもの。「節忌」は「斎日にする精進潔斎」（広辞苑）。なまぐさを食べない日なので、魚は要らなかったのだ（なのに米と交換で手に入れてしまっていた）という趣旨です。小学館の『日本古典文学全集』の注釈は「不用」について「漢語で、音読み。筆者側の愚かさを言う強い語調」としています。食べない魚を手に入れたのがそんなに悔やまれたのか、というのはともかく、「漢語」とあることから表記も「不用」で確かだろうと察せられます。

意味よりも用例に根拠を求める

もっとも、古くからある表記が「不用」だからといって、不用しか使ってはいけないというものでもありません。

ただし、意味の上からの使い分けには簡単にいかない面があります。

大辞林4版では

【不用】①必要がないこと。いらないこと。また、そのさま。不要（②以下略）

【不要】いらないこと。必要がないこと。また、そのさま

と書かれています。意味上の違いを説明するのはかくも難しいと考えるべきなのでしょう。

ではどうするか。実践的な使い分けの方法としては、意味の違いを強調するより、現に使われている用例から積み上げていくのがよいかもしれません。例えば、新型コロナウイルス禍でのキーワード「不要不急」は「不用不急」とは書きません。「不要品」も間違いではありませんが「不用品」と書かれることが多い。文化庁の「言葉に関する問答集7」(1981年)には「保証人不要」という例が載っていますが、これも「不用」は使いにくいように感じます。

用例に表記の根拠を求めるというのは「鶏と卵のどちらが先か」のような問題を生みかねないのですが、現に皆が書くような表記を使うというのは一つの立場として十分あり得ると考えます。

考え方が難しい「ふようになった」

読売新聞の用語集は「不用〔使わない、役に立たない〕」「不要〔必要でない、なくても支障をきたさない〕」として、意味の上からの使い分けにもう一歩踏み込もうとしています。ただし、

それでも今回の質問のような「ふようになった」は分類が難しいでしょう。あえて言えば、役に立たなくなったものについては「不用になった」と書き、機能的には問題なくても自分にとっては用がないものには「不要になった」と書くということでしょうか。

今回のアンケートでは「不要」を選んだ人が多数でした。共同通信の「記者ハンドブック」は使い分けについて「迷う場合は『不要』を使う」としていますが、同様の感覚を持つ人が多いのかもしれません。

あえて使い分けるか、なじみやすいものに統一するかというのは、校閲記者としても難しい選択です。「ふようになった」の場合は基本的には書き手の表記を尊重しつつ、文脈を踏まえて不自然でない表記としたい、要するに、場合によって表記が揺れることも許容しようという考え方もできます。「いずれでもよい」と「使い分ける」の間をふらふらするような説明で申し訳ないのですが、すっきりと割り切れない言い回しもあることは認めなければならないでしょう。

「進入」と「侵入」

つぶやき写真

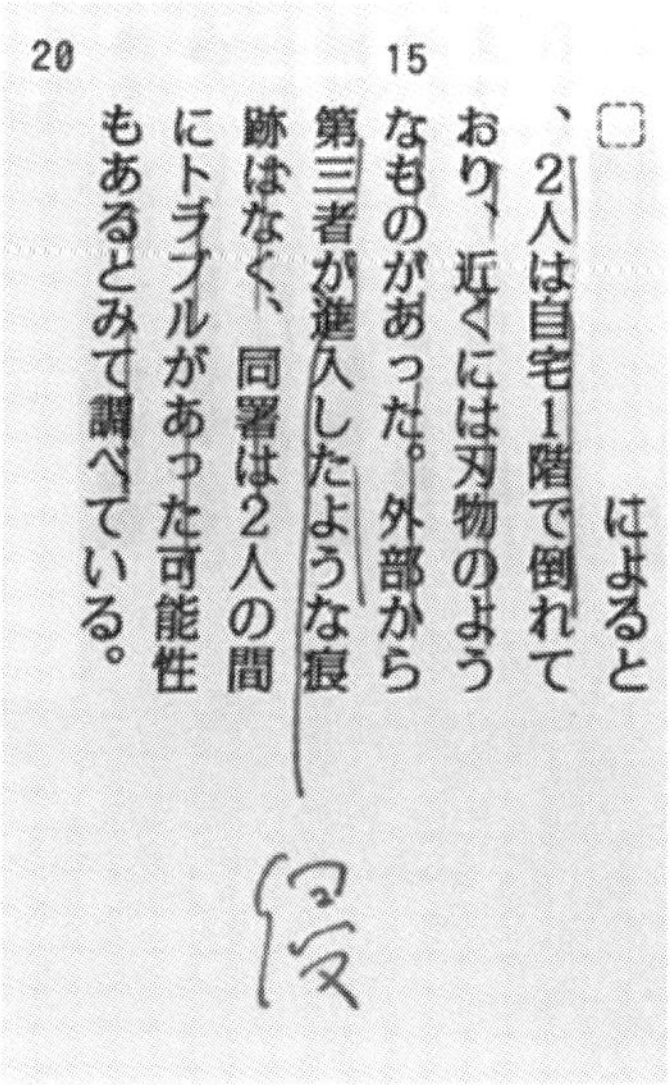
□　によると、2人は自宅1階で倒れており、近くには刃物のようなものがあった。外部から第三者が進入したような痕跡はなく、同署は2人の間にトラブルがあった可能性もあるとみて調べている。

自宅に外部から第三者が入ってくるような場面では、単に「進み入る」意味の「進入」より、「(他国の領土、他人の家など)立ち入るべきでない所に、無理にはいり込むこと」(岩波国語辞典8版)を意味する「侵入」が適切です。

一方、水が入ってくる場合には「浸入」を使います。

column

知られざる「ローカルルール」の世界

●マクドナルド

どちらも2016年9月29日付朝刊の記事から。近畿は「マクド」――。ご存じ「マクドナルド」の略称が地域によって違うことが見出しに表れています。近年は製作工程の都合もあり、東京が「マック」としてきたものをそのまま使うことも多くなっています。

新聞記事の見出しは、字数の制約がある中でつけられています。それぞれの紙面で編集者が見出しを考えてつけた際は、略称などに地域差が表れることがあります

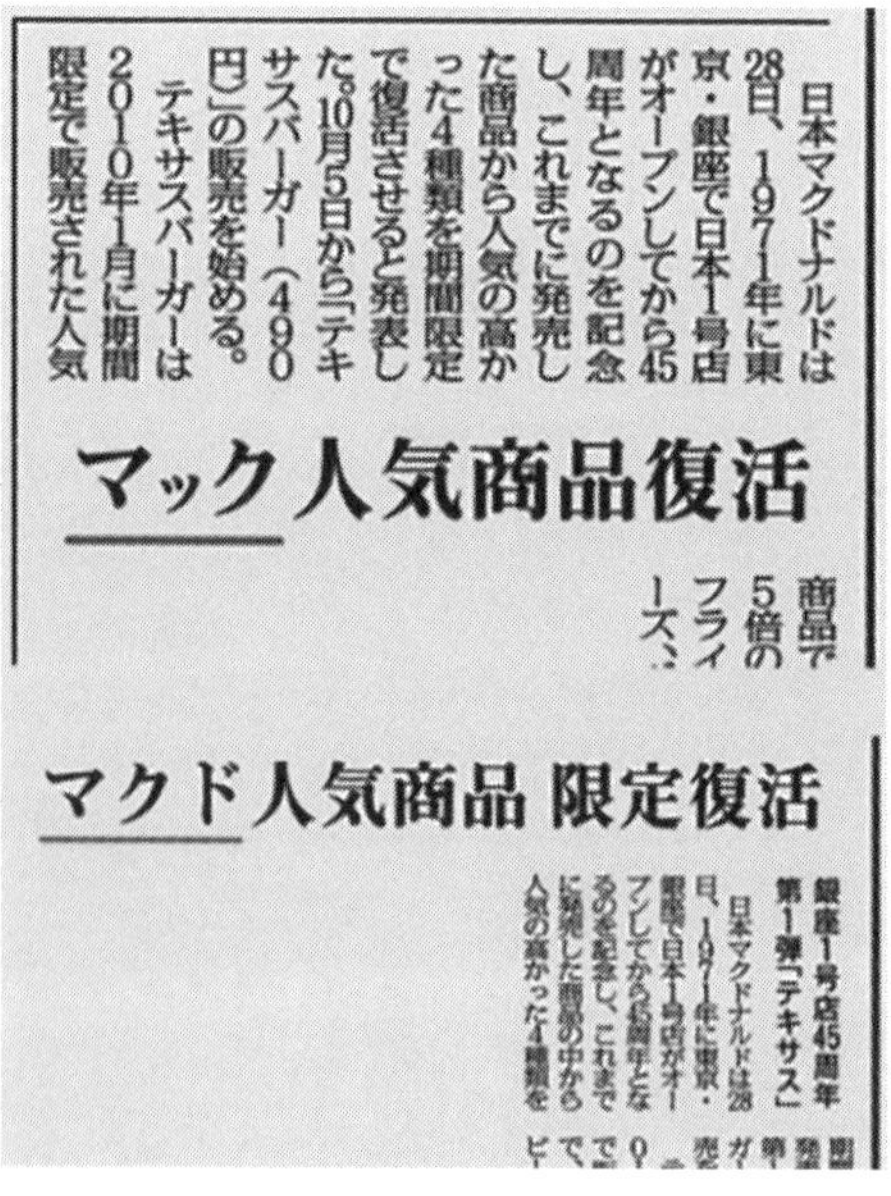

マック人気商品復活

日本マクドナルドは28日、1971年に東京・銀座で日本1号店がオープンしてから45周年となるのを記念し、これまでに発売した商品から人気の高かった4種類を期間限定で復活させると発表した。10月5日から「テキサスバーガー（490円）」の販売を始める。

テキサスバーガーは2010年1月に期間限定で販売された人気

マクド人気商品 限定復活

銀座1号店45周年
第1弾「テキサス」

日本マクドナルドは28日、1971年に東京・銀座で日本1号店がオープンしてから45周年となるのを記念し、これまでに発売した商品の中から人気の高かった4種類を

東京本社版（上）と大阪本社版

地域ごとに複数のバージョンが発行される新聞。載っているのは同じ記事でも、よく見ると名称や表記が微妙に変わっていることがあります。マクドナルドの略称など、新聞の「ローカルルール」事情の一端を紹介します。

●イカナゴ

どちらも2011年4月15日付夕刊の記事から。関西圏では「コウナゴ」のことを「イカナゴ」と呼ぶのが一般的とされます。東京の「コウナゴ」に対して、大阪本社は記事本文の初出を「コウナゴ（イカナゴ）」とし、見出しも堂々の「イカナゴ」表記です。最近は、肝心のコウナゴに関する原稿の校閲をする機会が少ないのですが……。

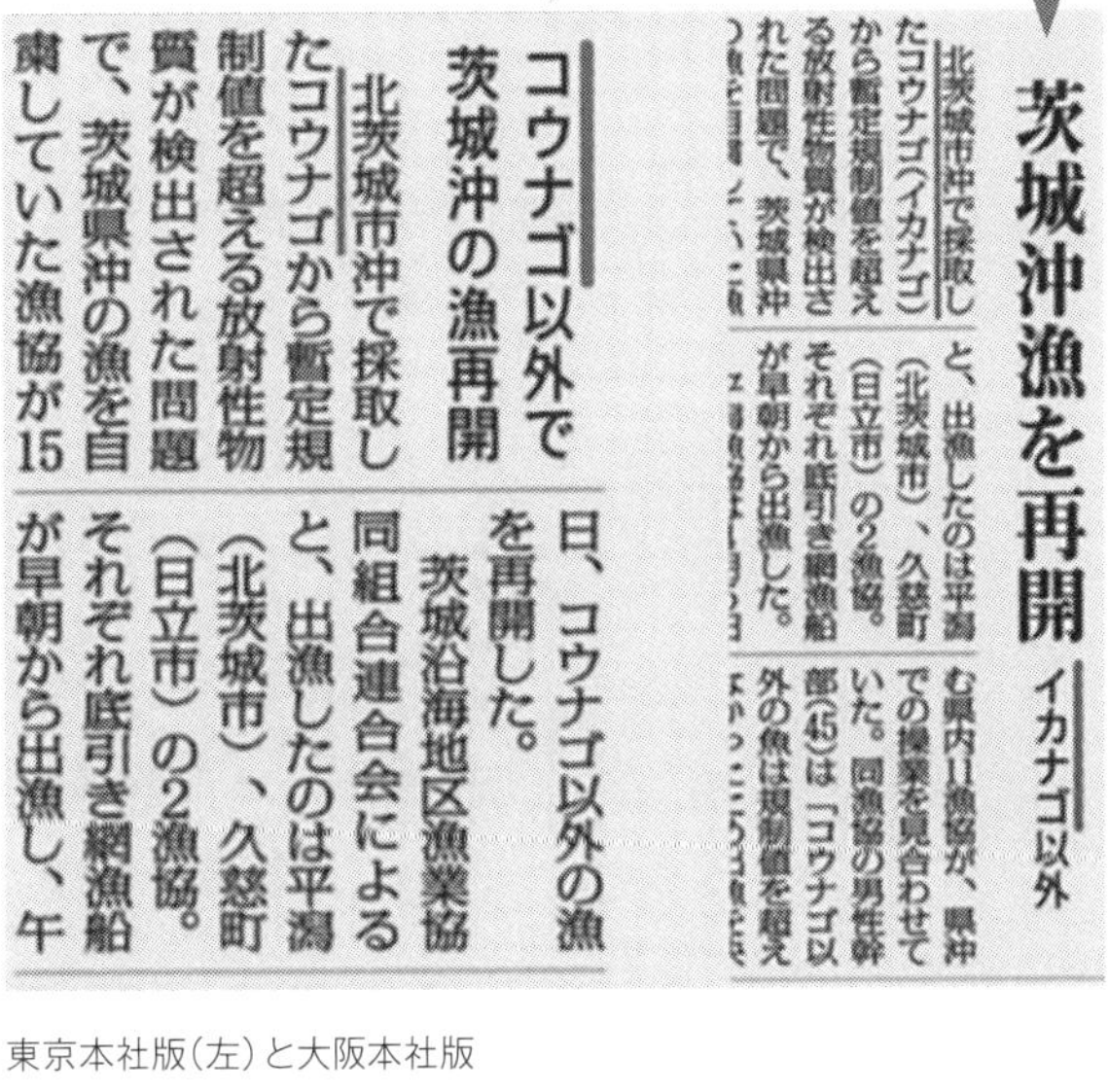

茨城沖漁を再開
イカナゴ以外

北茨城市沖で採取したコウナゴ(イカナゴ)から暫定規制値を超える放射性物質が検出された問題で、茨城県沖 … と、出漁したのは平潟(北茨城市)、久慈町(日立市)の2漁協。それぞれ底引き網漁船が早朝から出漁した。 … む県内11漁協が、県沖での操業を見合わせていた。同漁協の男性幹部(45)は「コウナゴ以外の魚は規制値を超え …

コウナゴ以外で
茨城沖の漁再開

北茨城市沖で採取したコウナゴから暫定規制値を超える放射性物質が検出された問題で、茨城県沖の漁を自粛していた漁協が15日、コウナゴ以外の漁を再開した。

茨城沿海地区漁業協同組合連合会によると、出漁したのは平潟（北茨城市）、久慈町（日立市）の2漁協。それぞれ底引き網漁船が早朝から出漁し、午

東京本社版（左）と大阪本社版

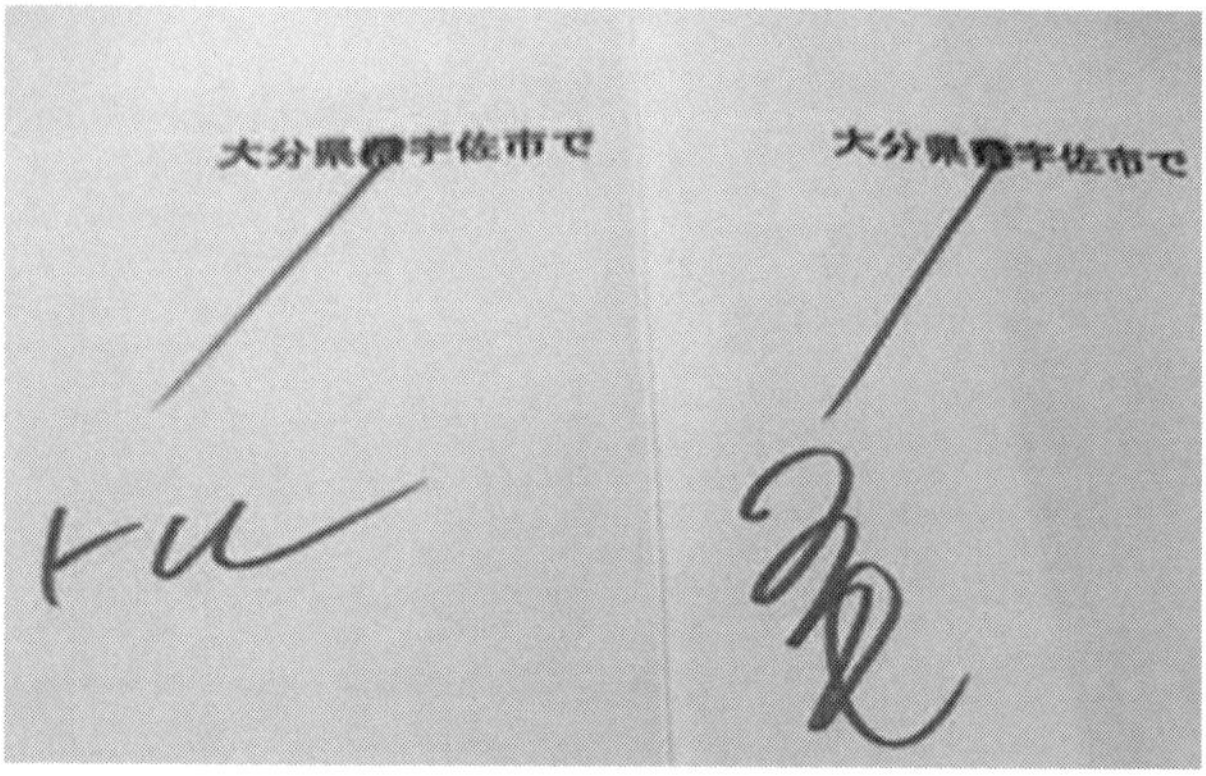

文字を削除する意味の「トル」(左)と「ヌキ」(右)

●文字を削除する記号は…

どちらも「文字を削除する」という意味。東京で「トル」と書くところを、大阪では「ヌキ」と書く人が多かったのです。校正記号としては「トル」が一般的です。

ヌキは主にベテラン校閲者が使っていて、近年は大阪でもトルが主流になっています。ひと昔前に比べると大阪にも若手が増えたことが影響しているのでしょう。

第6章

どう数えますか？

1 蛇口の数え方

質問

水道の蛇口、どう数えますか？

回答

「個」を使う……47・1％
「本」を使う……26・6％
どちらでも違和感はない……13・7％
形状により使い分ける……12・6％

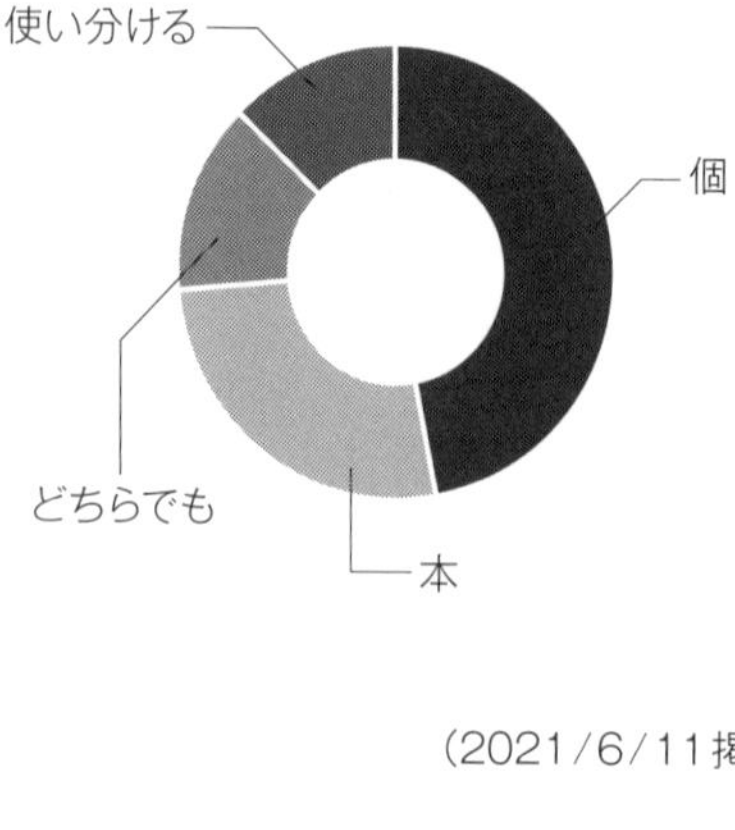

（2021/6/11掲載）

解説 「個」が優勢だが「本」も無視できず

「個」が優勢ですが、「本」派も「違和感がない」を含めると4割ほどでしょうか。「使い分け」派の中にも「本」を使う人がいると思うので、もっと多いのかもしれません。「どちらでもない」という選択肢を用意できなかったのが悔やまれますが……。

数え方には「口」も

言語学者、飯田朝子さんの『数え方の辞典』（小学館、2004年）によると、蛇口の数え方は「本、口」とのこと。「個」は含まれていません。もちろん、一般的に物を数える時に使いやすい「個」が間違いということではありませんが、かなり衝撃的でした。

そもそもが「蛇口」なので「口」は分かります。ではなぜ「本」なのか？　今回の質問のきっかけになった記事は、公園の水飲み場などで蛇口の盗難が相次いでいるというもので、蛇口を「3本」と数える表現がありました。水飲み場の細長いものと想像はできましたが、例えば学校の校庭の手洗い場にある蛇口でも「本」なのでしょうか。辞典には書かれているものの正直納得がいかず、同僚を何人かつかまえて相談してみました。

どこまでを「蛇口」と考えるか

「盗むとなると、パイプの部分なのでは?」「台座にくっついていると、『個』という感じだけれど……」。明らかになったのは、どこまでを「蛇口」と捉えるかという認識の違いでした。出題者はハンドル部分まで含めて蛇口と認識していましたが、構造を調べてみるとハンドル部分と水が出てくるパイプ部分は別物の様子。パイプ部を「蛇口」と捉えれば「本」で違和感はありません。

毎日新聞の用語集には「助数詞の基準」というページがありますが、ここには身の回りにあるものから、普段はあまり目にすることのない「大砲」(「門」で数えます)といったものの数え方まで載っています。残念ながら「蛇口」は載っていませんでしたが、眺めているだけでも新しい発見の多いページです。それにしても助数詞は難しい。

2 受け止め方が分かれる「3000人台を突破」

質問

新型コロナウイルス感染者が「3000人台を突破」——これは何人になったということ?

回答

3000人超……34・0%

3001~3999人……19・9%

4000人以上……27・7%

右の複数に当てはまり、決められない……18・4%

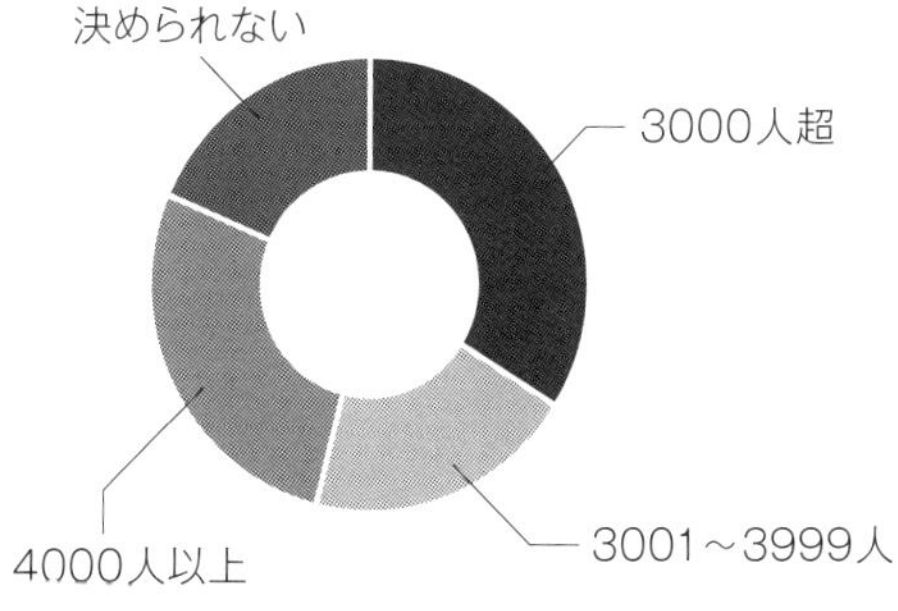

(2021/9/7掲載)

解説

回答は割れる

「3000人台を突破」と言った場合、いったい何人になったことを指すのか。回答は割れました。「3000人超」と「3001～3999人」を合わせると半数を少し上回りますが、同時に「4000人以上」と「決められない」の合計も半数近くになります。「～台を突破」という言い方自体に分かりづらさがあると考えるべきでしょう。

「台」は数字の幅を示す

「台」とはどういうことか。国語辞典では「数量の大体の範囲を示す語」（岩波国語辞典8版）のような説明が多いのですが、大辞林4版は具体的に、

数量の大体の範囲を示すのに用いる。例えば「千円台」は「一〇〇〇円から一九九九円まで」。

と説明しています。「1000円台＝1000～1999円」という幅のあるゾーンを表して

いるということです。

質問文の例に即していえば「3000人台」とは「3000〜3999人」を表していると言えるでしょう。「3000人台を突破」というのは、この幅のあるゾーンを「突破」することになるのではないでしょうか。「3000人超」の場合や、「3000人台」とほぼ重なる「3001〜3999人」の範囲の場合には、「3000人台を突破した」とは言いにくいように思われます。

「突破」はラインを超えること

とはいえ、「〜人台を突破」のような言い方をよく見るという人もいるかもしれません。「ある目標・数量を超えること」(大辞泉2版)という意味を持つ「突破」は数字と合わせて使われることが多いので、そのように感じるのかもしれません。ただし辞書の用例では「人口が一億人を突破する」「参加者は五万人を突破する」「一千万を突破した」など、「台」のような幅のある数字は見られません。あくまで一つの数字を挙げて、そのラインを超えることを「突破」と言っています。

もちろん世の中には細い線もあれば太い線もあるわけですから、「3000人台」のような太いラインの上に出ることを「3000人台を突破する」と言ってはいけないという理屈はありません。その場合は「3000人台を突破」イコール「4000人以上になること」を意味しますが、あまり釈然としません。なぜそんな幅の広いラインを想定しなければならないのか。そうした書き方よりは、「4000人台に乗せた」のような表現を選んだほうがよいようにも思います。

「大台」を使った表現なら

ここまで述べたことは要するに、幅のある数字と「突破」という表現がかみ合わないということです。「突破」を使いたければ「3000人を突破」とすればよさそうですし、「台」を使いたければ「3000人台に達した」などの言い方をするのが穏当でしょう。

どうしても「突破」に加えて「台」の文字を使いたいならば「大台」を使った表現にすることも可能です。「大台」は、元は株式相場の用語で100円単位を指す言葉ですが、現在はもっぱら「金額・数量などで、大きな区切りや目安になる境目。『二兆円の大台を突破した予算』」（大辞泉2版）として使われます。この用例に倣えば「3000人の大台を突破した」も問題ないと言えるでしょう。

3 「○倍高い」には違和感あり

質問 メタンの温室効果は二酸化炭素に比べ「25倍高い」――「 」の中、どう感じますか？

回答
違和感がある。「25倍だ」などとしたい……68・9％
違和感はない……31・1％

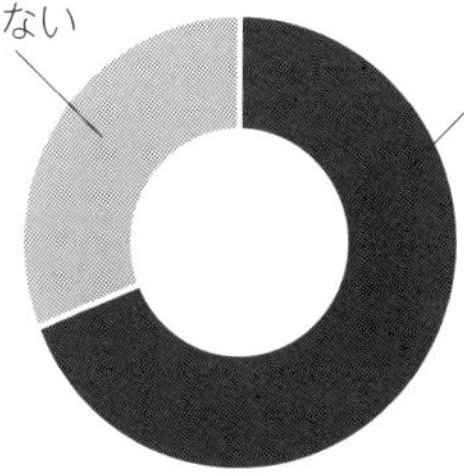

（2022/2/18掲載）

解説

「nメートル高い」なら「差」を表すが…

「n倍高い」という表現には違和感があると答えた人が約7割と多数を占めました。「AはBのn倍だ」とすれば十分で、「高い」は不要と捉える人が多いようです。

「高い」「多い」「大きい」などの形容詞に数量を表す言葉が組み合わさり、「AはBよりnメートル高い」「n個多い」などと書かれる時、その数量はAとBの差を表します。

「nメートル」「n個」が単位を伴って一定の数量を表す一方、「n倍」は決まった数量ではなく、基準となる数に対して、同数・同量を何回か加えた数量を表します。AとBの差分（足し算・引き算）ではなく、かけ算をもとにした表現です。

「メタンの温室効果は二酸化炭素に比べ25倍高い」という質問文の例は、二酸化炭素の温室効果を1とした時に、メタンの温室効果が25であることを表していました。しかし「nメートル高い」などの言い方からの類推で、「二酸化炭素の温室効果を25倍した分だけ、メタンの温室効果が高い」、すなわち「二酸化炭素の1に対しメタンが26」と読むこともできてしまい、混乱したり、気持ち悪さを覚えたりする人もいるかもしれません。7割もの人が「違和感がある」

と回答しており、誤りではなくとも「なんとなく変」な表現ではあるのでしょう。

誤解される可能性は小さいか

毎日新聞の過去の記事や、インターネット上の電子図書館「青空文庫」などで確認できた用例では、「n倍高い」は「n倍だ」と同じ意味で使われています。違和感はあるものの、捉え方に迷うほどに紛らわしい場合は少なく、おおむね誤解なく受け入れられているようです。

ただ通常であれば「n倍」と表現した時点で、もとの数量よりも高い（多い、大きい）ことを表します（分野によっては「n分の1倍」や「マイナスn倍」などの言い方もあり、その場合は元の数より小さくもなりますが、ややこしくなるので新聞では一般的に見かけません）。「高い」と付け加えずとも、対比は伝わるのではないでしょうか。

表現に工夫の余地あり

質問文の例なら「メタンの温室効果は二酸化炭素の25倍だ」で意味は通じますし、メタンの温室効果が高いことを強調したければ「メタンの温室効果は高く、二酸化炭素の25倍だ」と補うのはいかがでしょう。多くの人に違和感が小さく、読みやすい表現を心がけたいものです。

4 好ましくないことが「○日ぶり」…違和感ある？

質問
感染者数が「3日ぶりに」100人を上回った――こうした「ぶり」の使い方、どうですか？

回答
違和感がある……51・0％
違和感はない……49・0％

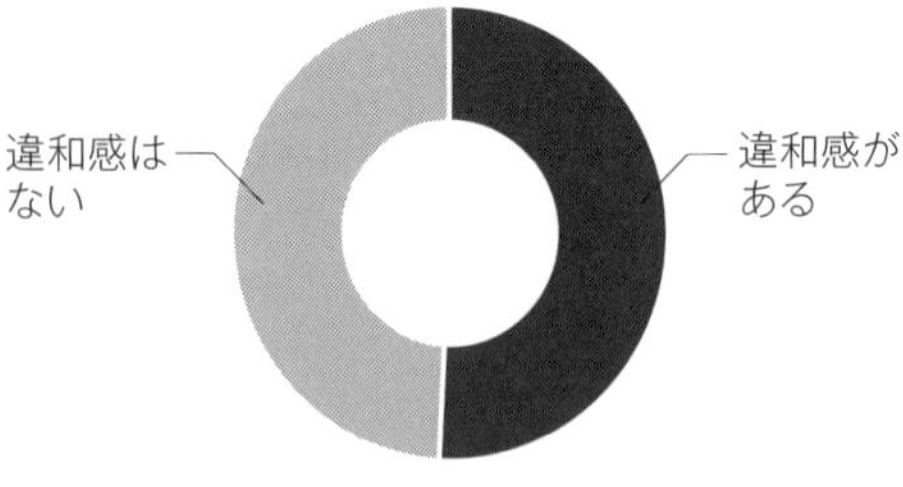

（2020/10/16掲載）

解説

「よくないことには使わない」説

新型コロナウイルスの感染者数が増えているという好ましくないことに使う「ぶり」について、違和感がある人とない人がほぼ半々でした。

時間の経過を表す「ぶり」を「好ましくないことには使わない」というのは、NHK放送文化研究所のサイトで2001年7月の記事（「〜ぶり」の使い方や数え方は？）に記されています。

〈注意〉「〜ぶり」には、語感の中に「待ち望んでいることへの期待感」を含んでいるので、「○年ぶりの大病」などという言い方は普通しません。

神永暁さんも「日本語、どうでしょう？」の2013年6月の記事（「2年ぶりに出場」――前回の出場はいつ？）で触れています。

「ぶり」にはそのことが起きることへの期待感が言外に含まれているので、「5年ぶりの大事故」といったような、よくないことには使わないとされてきた。

その上で、「好ましくないことにも使う」と明鏡国語辞典2版が注記していることに触れ、使い方が揺れていると指摘しています。

「期待されること」に使われやすい

新明解国語辞典7版は時間を表す語につく「ぶり」の説明として、「（期待される）その事態が実現するまでに、予測される以上のそれだけの時間が経過することを表わす」と記しています。「期待される」ということは、つまり好ましい出来事について使うと示していることになるでしょう。そのほかの多くの辞書の説明は「それだけの時間を経過して、再び同じ状態になることを表す」（大辞林4版）、「間にそれだけの時間がはいるようす」（三省堂国語辞典7版）といった具合に「ぶり」を使う時の「感情」には踏み込んでいません。それでも示されている用例は「期待感」が感じられるものがほとんどです。

「五年ぶりの帰郷」「三日ぶりの晴天」（大辞林4版）

「七日ぶり〈に／で〉救出された・五年ぶりの再会」（三省堂国語辞典7版）
「十年ぶりに日本の土を踏む」「しばらくぶりに映画を見た」（デジタル大辞泉）

これらを見ると実態として、期待されることに使われることが多いというのは確かに言えそうです。ただそれは、そもそも望まない出来事について「前の時からどれくらいたったか」ということを殊更に意識して表現したくなることが少ないからではないかとも感じられます。「好ましくないことにも使う」という明鏡国語辞典2版が二つ例示するうちの一つ、「九年ぶりの大地震」も、あり得ない表現とは思いませんが、あえて実際にこういう使い方がされることはあまりないのではないかと感じます。一方で、もう一つの用例、「三年ぶりの低成長」のような言い方はよく見かけます。

推移に注目する場合は感情抜きでも

1日ごとに集計される感染者数もそうですが、企業の決算や経済指標など、継続的にデータが示されるようなものごとの場合、「推移」に注目するのは自然なことです。そのため「3四半期ぶりの営業赤字（黒字）」「感染者数が3日ぶりに増加（減少）」というのは、「待ち望む」「期待する」ような感情を抜きにして、いずれも変化を客観的に示す表現として成り立つと考えられます。また「ぶり」と同じように端的に経過した時間を示せる別の表現は、なかなか思いつきません。

つまり、「ぶり」は期待感を込めて使うことも多いが、そういった感情を抜きにして使うこともできる、と言うべきなのではないでしょうか。前述したように多くの辞書が「感情」に明確に触れていないのも、いいことばかりに使うとは言い切れないから、と受け取れます。

不自然な感じが強くないか、意識したい

報道の文章に慣れている校閲記者からすると、今回の例文の「ぶり」に半数の人が違和感ありとした結果は意外でした。しかし、一般に「ぶり」を使う場面で期待感が含まれることが多いということについては、なるほどと感じる部分があります。今回の例文のような場合は不適切とまでは言えないと考えますが、気にする人が多いということからしても、「ぶり」を使う際は、不自然な感じが強い使い方になっていないか意識したほうがよいと思われます。

5 「一両日」は今日から？ 明日から？

質問

原稿を催促され「『一両日』中に出します……」——この言い方、いつを指しますか？

回答

今日か明日……59・8％

明日かあさって……22・1％

右のいずれかだが特定できない……16・7％

3日先以降も含めてよい……1・5％

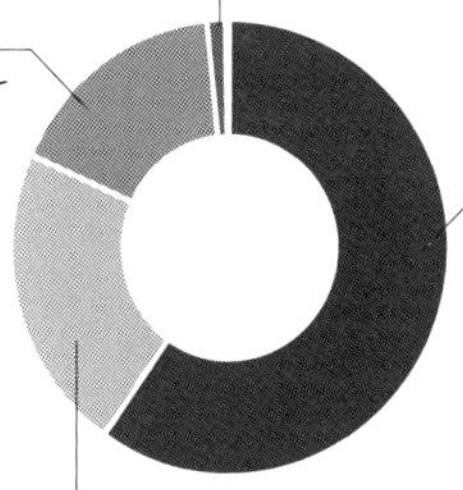

（2019/10/18掲載）

解説

「今日か明日」が6割占める

「今日か明日」という回答が最多で約6割を占めました。1日延ばした「明日かあさって」は2割で、締め切りまでの余裕はあまりないと考えなければならないようです。ただし、「いずれか特定できない」という人も6人に1人程度いるということは、多少ごまかしが利くのでしょうか。

辞書なども「今日か明日」が優勢

国語辞典はたいてい「一日または二日。一、二日」（広辞苑7版）といった説明が載っているのですが、知りたいのは、その「一日または二日」をどこから数えるかです。

用例で書き込んでいる辞書はありました。三省堂現代新国語辞典6版の用例は「一両日（あすかあさって）のうちにうかがいます」としています。三省堂国語辞典7版の用例は「一両日中に〈＝今日明日のうちに〉お返事します」というもの。漢字辞典の新潮日本語漢字辞典でも「今日明日のうち」としています。明確な根拠が示されているわけではありませんが、辞書類では

「今日か明日」という見解が有力のようです。

ＮＨＫ放送文化研究所による２００６年のアンケートでは「あしたまで」という回答が61％で最多だったとのこと。今回のアンケートとは選択肢が異なるものの、やはり「一両日」は「今日か明日」のこととする捉え方が過半を占めています。

正確な伝達よりも、気持ちを酌んでもらう言葉か

コピーライター、糸井重里さん監修の『オトナ語の謎。』（新潮文庫、２００５年）に「一両日中にも」という項目があります。

今日中は無理だけど、まあ、明後日くらいなら、でも、明日にもできるかもしれないし、とにかくがんばって早くするからそういう感じで待っててね、の意味を込める。
「一両日中にもご用意できるかと思います」
なのに、す～ぐ催促がくるんだよなあ。

辞書には載らない「一両日中」という言葉のニュアンスをよく伝えていると思います。なるべく早く何とかするので少々お待ちください、という感じ。期限が今日中か明日までかあさってまでか——「3日先」とは言いにくいしそこまで先に延ばしたくはないけれども、今日明日と確約はできない、というところでしょうか。ただし、「一両日中」と言う側が「あさってくらい」までを想定しても、待つ側は必ずしもそうでないということもありそうです。

あえての「一両日」だがトラブルには注意を

実際の使われ方として新聞記事を見てみると、例えば警察が事情聴取中の捜査対象者を「一両日中にも書類送検することが分かった」と書くようなケースが見られます。おそらくは取材相手の警察幹部が日付をはっきりとは言わず「一両日中には」と述べたか、あるいは記者からの「一両日中にはあるということか?」のような問いかけにうなずくなどの反応をした、ということなのでしょう。結果的には1週間後だったという場合もあり、なかなか含みのある表現といいますか、やはり正確な伝達には向かない表現といえそうです。

日付を固めることによって生じる問題を回避するために「あえて」使われる表現とも言えますが、今回のアンケートやNHK放送文化研究所の調査からみて「今日か明日」と考える人が多いという事実は踏まえる必要があると考えます。「オトナ語」として「あさってくらい」を想定して使う場合があるとしても、それ以上遅くなることがあるようなら「明日まで」を期待する多くの人との間にトラブルが生まれそうです。基本的に「明日まで」、せいぜい「あさってまで」として使うのが無難です。

その後 三省堂国語辞典8版（2022年）は用例で「一両日中に〔＝今日明日または明日あさってのうちに〕お返事します」と「明日あさって」も加えています。

実はよく見る「○日○日」

つぶやき写真

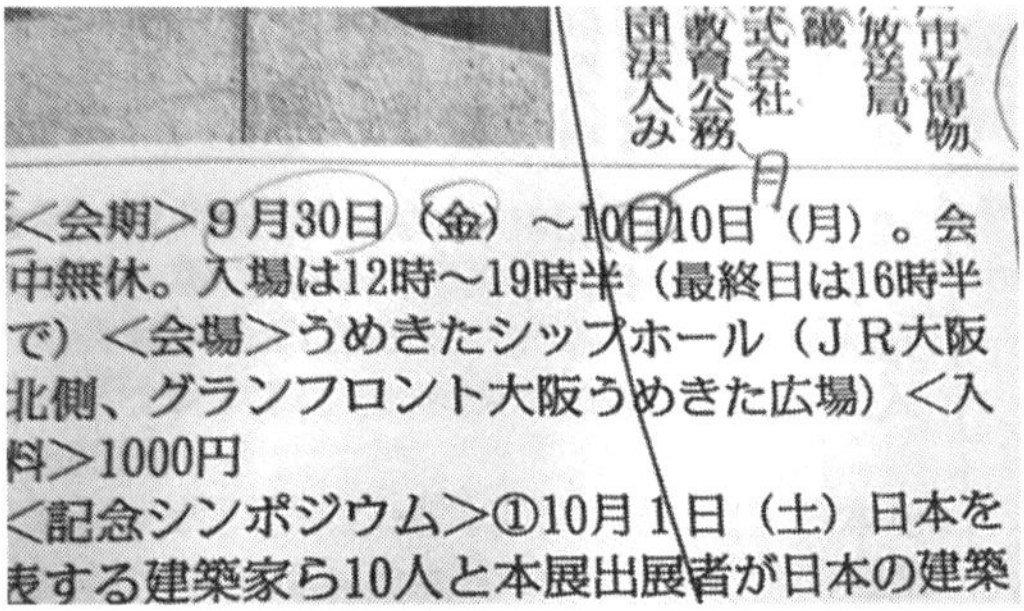
<会期>9月30日（金）～10日10日（月）。会
中無休。入場は12時～19時半（最終日は16時半
で）<会場>うめきたシップホール（JR大阪
北側、グランフロント大阪うめきた広場）<入
料>1000円
<記念シンポジウム>①10月1日（土）日本を
表する建築家ら10人と本展出展者が日本の建築

あるイベントの会期の案内に、「10日10日」という記述が。もちろん正しくは「10月10日」です。「○月○日」と書くはずが「○日○日」としてしまうミス、実は何度か遭遇しています。

急いでキーボードをたたいていると、つい間違えてしまいがちなのかもしれません。校閲するとき、「日」と「月」は形がやや似ているので見逃してしまいそうになることも。やはり一字一字読むという基本が大切です。

6 「初老」は何歳？

質問

「初老」というとどれくらいをイメージしますか？

回答

40代……25・5％
50代……30・8％
60代……38・8％
70代……4・8％

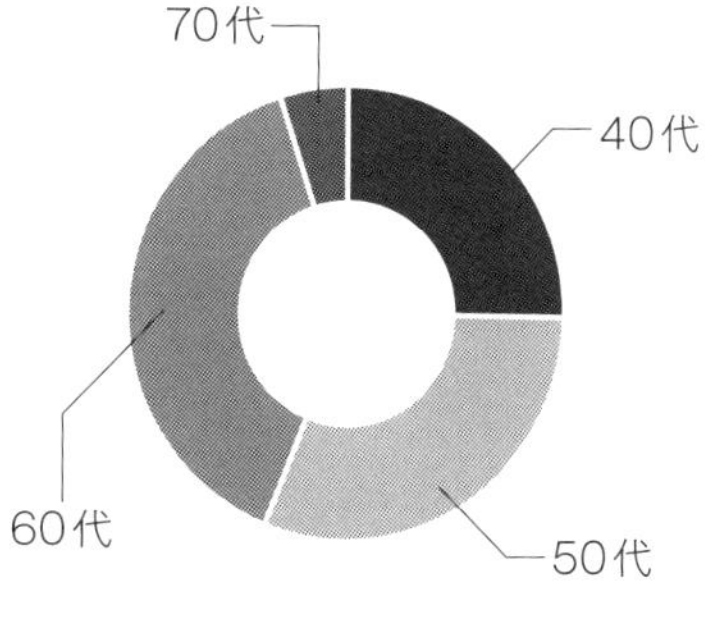

（2018/5/29掲載）

解説 「初老」は60代が最多でも、40代と50代合わせ半分超

回答は40代、50代、60代と少しずつ増え、70代は少数派という結果になりました。「初老」は長らく「四〇歳の異称」（広辞苑7版）として使われてきました。とはいえ、三省堂国語辞典7版が「おもに六十代」としている通り、60代という回答が最多でしたが、40代と50代を合計すると半数以上を占めています。

NHK放送文化研究所が2010年にウェブ上で行った同様のアンケートでは平均57歳という結果で、57％が60代（「60歳から」と「65歳から」の合計）と回答していました。対して40代は10％、50代は26％。これだけを見ればむしろ8年たった今回の結果のほうが「初老」の年齢感覚は下がっており、単純に上昇し続けるわけではないのかもしれません。

三省堂国語辞典の「初老」の語釈では「老年に近づいてからだがおとろえかける時期」ともあります。健康寿命こそが大事だと叫ばれ、若々しさや健康を求める傾向が強くなった現代において、逆に自分の体の状態を厳しく判定し、以前の自分と比較して衰えたなあと感じてしまうことによって40代や50代でも初老だと考える人も増えているだろうか……などと考えてしま

いました。

高齢化によって変わる認識

一方で日本老年学会などのワーキンググループが２０１７年、高齢者の定義を65歳以上から75歳以上に変えるべきだと提言しました。

ツイッターのコメントでは、現在の医療制度では65〜74歳が前期高齢者、75歳以上が後期高齢者とされていることから初老は60代では、と推定した人もいたので、今後制度として高齢者年齢の定義が引き上げられることによって初老と考えられる年齢も上がる、ということもあり得ます。

余談ですが、太宰治の未完の小説『グッド・バイ』の冒頭には、主人公の田島と歩きながら話す「初老の不良文士」が出てきます。34歳の田島は彼より「ずっと若い」と表現されているので、書かれた１９４８年当時でも「初老」が40歳ということはなかったでしょうが、現代の人が読んだら当時よりこの２人の年齢が離れているように思うかもしれません。言葉の持つイメージが変化することによって、文章の受け取られ方も変わっていくという一例でしょう。

その後　三省堂国語辞典8版（2022年）では「初老」の項目から「おもに六十代」という文言がなくなりました。

7 「妙齢」の年ごろは?

質問

「妙齢の女性」といったら、どの年ごろをイメージしますか?

回答

まだ若い年ごろ……33・9%
もう若いとは言えないくらいの年ごろ……56・4%
どの年齢についても言える……9・8%

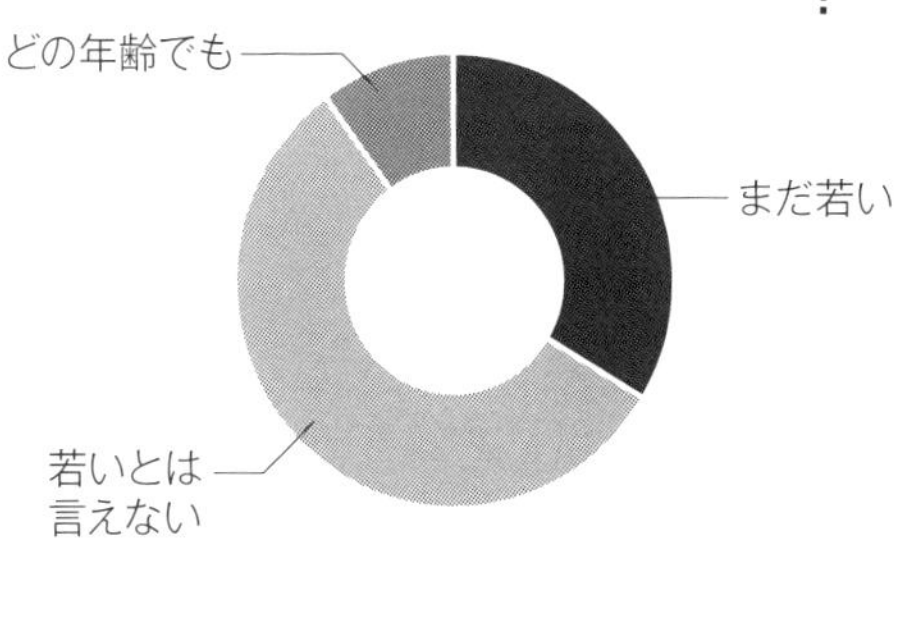

(2018/11/30掲載)

解説

「若いとは言えない年ごろ」が過半数

本来の意味の「まだ若い年ごろ」を選んだ人は3分の1で、過半数が「もう若いとは言えないくらいの年ごろ」を選びました。「若いというには微妙な年齢」と思ってしまう人は思っていた以上に多そうです。「どの年齢についても言える」とした人は約1割で、三省堂現代新国語辞典6版に書かれた新しい用法「年齢相応の魅力をたたえていること」はまだそれほど広がっていないようです。しかし2016~2017年に毎日新聞に連載された浅田次郎さんの小説「おもかげ」で、主人公を見守るベテランの看護師が「妙齢の美女」と表現されていました。「年かさの看護師」とも言われた登場人物ですが、ここでは単に「若いとは言えない」だけではなく「年相応の魅力をたたえた」の意味も含んでいそうです。

「妙=女+少（若い）」だが

「妙」の漢字の構造は見ての通りで、「女と、少（わかい）とから成り、年若い女、ひいて、美しい意を表す」（新字源）。お寺では少女を意味する隠語だった言葉だそうです。といっても、現在ではやはり「絶妙」のように「巧みな、優れた」の意味や、「奇妙」「微妙」のように「不思議な、かすかな」の意味で熟語になることがほとんどです。「妙な人」と言って若者を意味することもありません。「若い」という字義に意識が行かなくなるのは無理もないことかもしれません。

ちなみに新明解国語辞典7版の「妙齢」の説明は独特で「〔壮年以上の人や男性から見た〕女性の結婚適齢期の称」。しかし近年は晩婚化が進み、それこそ熟年以降の結婚も珍しくありません。狙ったわけではないでしょうが、結婚年齢の幅が広がるのに応じて「妙齢」の使われる幅も広くなるという、見事に時代に対応した語釈になっています。そしてまた「壮年以上の人や男性から見た」というただし書きによって、「妙齢」が偏った見方による表現になってしまうことにも気づかされます。

今や「伝わらない」「使いにくい」言葉か

「おじさん」からすると「あのような若くて美しい女性はそろそろ結婚を……」といった感じで「妙齢の」と表現してしまうこともあるかもしれませんが、今の時代にはそぐわないでしょう。相手に「若い／若くない」がきちんと伝わるかということに加え、「年ごろ」を殊更に取り上げることが非礼に当たる場合もあるということを念頭に置くべきかもしれません。

8 「弱冠○歳」ってどれくらい？

質問
「弱冠○歳」のイメージは？

回答
20歳……52・3％
16〜20歳……34・4％
18〜29歳……4・0％
何歳でも……9・3％

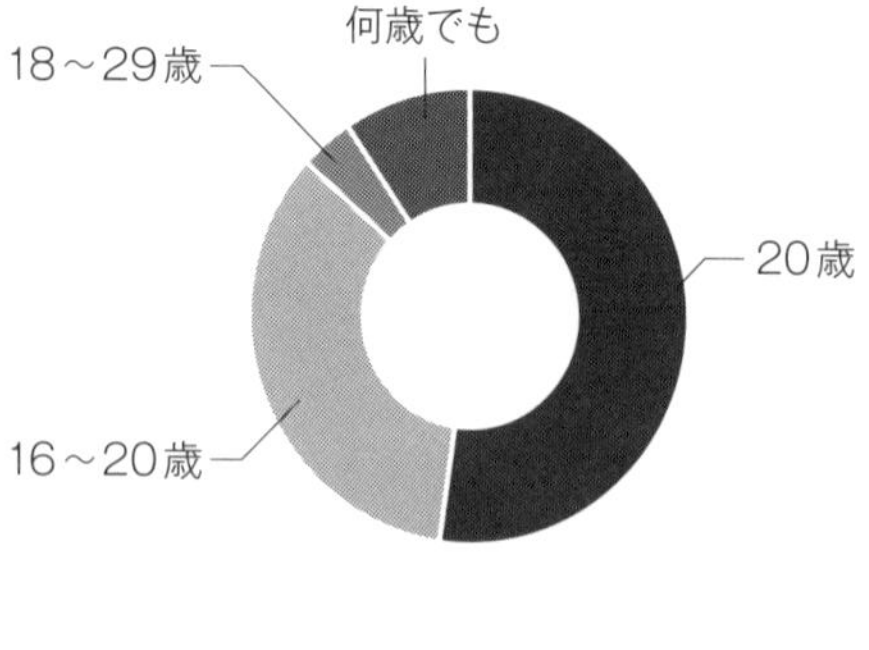

（2018/1/8掲載）

解説
20歳から幅を認める人も半分近く

「弱冠」を辞書で引くと、例えば大辞林3版では、

①〈「礼記　曲礼上」による。二〇歳を「弱」といって元服して冠をかぶったことから〉男子二〇歳のこと。

②年が若いこと。「彼は弱冠二五歳にしてすでに高名な詩人となっていた」〈「若冠」と書くのは誤り〉

となっています。本来①の20歳の意味だったものが拡大して②の20歳以外の用法になっているということです。

では20歳に限らず幅を持たせるとしたら、どれくらいが違和感が少ないか。今回のアンケートはそれを調べる意図がありました。

結果は20歳が最も多くなりました。本来は20歳という意味であることを踏まえ拡大するのは

望ましくないと思っている人が、少なくとも回答を寄せていただいた人には多いことが分かりました。ただし幅を持たせる選択を合算すると、数字はほぼ拮抗《きっこう》します。

神永暁さんが「日本語、どうでしょう?」で「弱冠」の使用範囲について述べています。ここでの例示は15歳から34歳までです。そして、

「若冠」という使用例が江戸時代以降、現在に至るまでに見られるようになる。だが、国語辞典では「若冠」を見出し語にしているものはまだ出ておらず

とあります。ところがたまたま新潮現代国語辞典2版を見ると、「若冠」が誤用例としてではなく掲げられていました。使用例が多く、無視できなかったと思われます。

「弱冠」は失礼な言葉か

また、今回、ツイッターに「弱冠という言葉は失礼なのでメディアは使うべきではない」という趣旨の投稿がありました。

日本では「弱い」というイメージが強いので他人に使うのは失礼という意見なのでしょう。

実際には「まだ若いのにこんなに立派」という使い方で、むしろ褒め言葉のはずですが。もしかしたら「弱いのではない」という意識が強いことで「若冠」という表記が日本で生まれたのかもしれません。

第7章

コロナ下の言葉

1 使用を避けたい「自粛させる」

質問
外出を「自粛させる」という言い方、どう感じますか？

回答
問題ない……8・5％
違和感はあるが許容範囲……36・2％
「制止する」「やめさせる」などと言い換えたい……55・2％

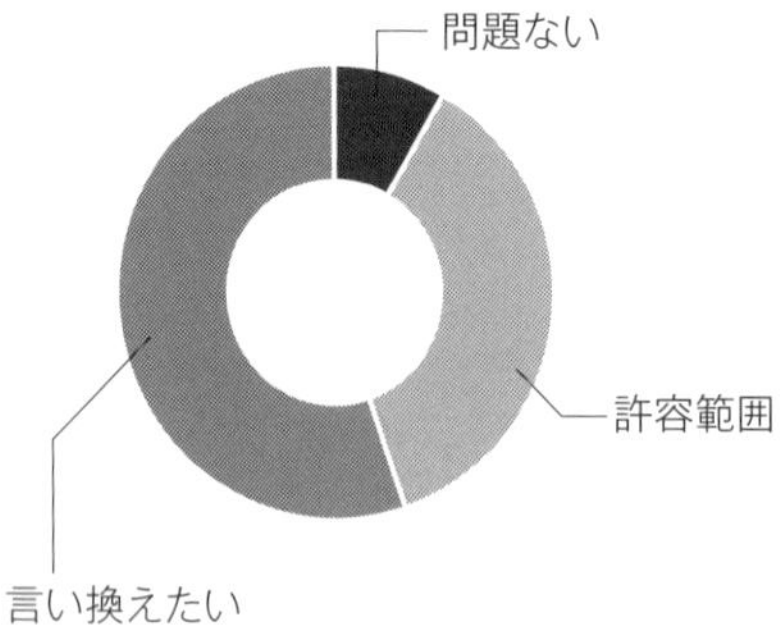

（2020/5/5掲載）

解説

「言い換えたい」が過半数だが…

「自粛させる」という言い方について、「問題ない」とした人は1割に届きませんでした。残る9割以上の人は違和感ありとしていることになりますが、そのうち「許容範囲」と「言い換えたい」の内訳は2対3といったところ。「言い換えたい」が全体の過半数を占めていますが、許容する人が意外に多いと感じます。

「自滅させる」と「自称させる」の差

「自○」という形を取る熟語には、「自ら○○する」という意味を持つものがあります。自衛、自害、自習、自署、自称、自滅などなど。これらの言葉を見ると、「自衛させる」「自害させる」「自習させる」「自署させる」「自滅させる」などは使うことができそうです。自害や自滅のような、進んでしたいようなことでなくとも、結果的にそうするように追い込むという意味で「させる」と言うことができます。

一方で「自称させる」とは言いにくい。「自ら称すること。実際はそうでないのに、あるいは、世間ではそう認めていないのに、ある身分、肩書、名前を持っていると自分で称すること」（日本国語大辞典2版）というのが「自称」です。あえて名乗るという行為には本人の意思が強く働くため、使役の「させる」はなじまないようです。自称するように追い込む、というのも状況を想像できず、やはり「自称させる」は使用しにくい表現でしょう。

「自分から進んで」という説明が付く「自粛」

さて、そこで「自粛」はどうでしょうか。国語辞典の説明を見てみます。

自分から進んで行動や態度をつつしむこと（明鏡国語辞典2版）
自分の言動に対する反省に基づき、自分から進んで慎むこと（新明解国語辞典7版）
自分から、おこないや態度をつつしむこと（三省堂国語辞典7版）
自分から進んで、行いや態度を改めて、つつしむこと（岩波国語辞典8版）
自分から進んで行いや態度を慎むこと（現代国語例解辞典5版）
自分から進んで、行いや態度を慎むこと（大辞泉2版）
自分で自分の行いをつつしむこと（広辞苑7版）

自分から進んで自分の言動を慎むこと（大辞林4版）
自分から進んで行ないや態度をつつしむこと（日本国語大辞典2版）

「行いや態度を慎むこと」という説明に、上記9点の辞書のうち7点が「自分から進んで」と加えています。「自粛」という振る舞いがあくまで本人の意思に基づくものであると、強く意識されていることが分かります。「自粛させる」は辞書の記述からすると使いにくい表現であると言えるでしょう。

「自粛してほしい」という場面は頻出

もっとも「自粛を促す」（広辞苑など）という用例があることからも分かるように、他者に自粛を期待する場面は頻々と現れます。何かをやめてほしいが、強制的にやめさせる権限がない、あるいは強制的にやめさせるとやめさせた側に責任が発生しかねない、といった場合でしょうか。やめてほしいのだけれど、自分からやめてくれれば何よりだが——という、ちょっとずるい感じもする考え方がうかがえます。

新型コロナウイルスの感染拡大に関連して、イベント開催や外出の自粛を求める「自粛を要請」のような表現がよく見られるようになりました。毎日新聞の過去記事のデータベース（東京本社版、地域面除く）で「自粛を要請」「自粛要請」を検索すると、１９８７年以降、２０２０年春までで９７０件の記事が見つかりますが、うち２８７件、約３割が２０２０年のものでした。

こうした「自粛要請」という表現自体は、要請する側の責任を曖昧にするものではありますが、言葉の意味する通りに強制性が本来は強くないことも示すものであって、無理な表現とは言いにくいと考えます。

作為的な表現「自粛させる」

しかし「自粛させる」となるとどうか。毎日新聞での用例で目立つのは、不祥事を起こした芸能人について、事務所側が活動を「自粛させる」という例です。事務所としては責任を取らず、また本人にはっきり責任を取らせることもなく、ただ自分から活動を控える形にしてほとぼりが冷めるのを待つ――と言ったら意地が悪いでしょうか。

このような時に、端的に活動を「停止させる」「やめさせる」といった言い方をせず、「自粛」と言うことには作為を感じますし、記事に「自粛させる」という形が現れるのは、そうした作為のニュアンスを持たせるためと言えそうです。

その後 新明解国語辞典8版（2020年）が「(自分の言動に対する反省に基づき）自分から進んで慎むこと」と微妙に前半を（　）に入れるという修正を施し、三省堂国語辞典8版（2022年）は語釈を変えずに7版の用例「自粛自戒」に「自粛を呼びかける」「深夜営業を自粛する」の二つを加えました。

2 ウイルス相手には「戦い」より「闘い」が好まれる

質問

新型コロナウイルスとの世界規模の「たたかい」。漢字はどちらがなじみますか?

回答

戦い……24・5%
闘い……60・5%
どちらでもよい……14・9%

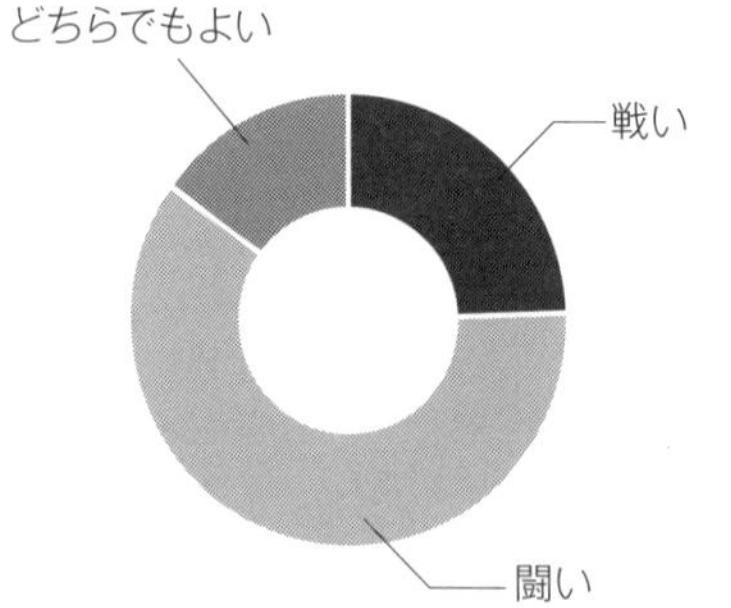

(2020/4/10掲載)

解説

「闘い」が6割占める

「闘い」を選んだ人が6割と、はっきり差を付けて多数を占めました。ウイルスとの「戦争」という表現が散見される新型コロナウイルスの世界的流行ですが、病気を相手にする場合はやはり「闘」がしっくりくるようです。

「戦争」なら「戦」、困難には「闘」

新聞・通信社の用語集はそれぞれ異字同訓の言葉について使い分け例を載せています。2002年版までの毎日新聞用語集では「たたかう」の項目で「戦う」を「一般用語」とし、「闘う」を「闘争、規模の小さいたたかい」としていました。用例に「病魔との闘い」がありましたが、世界的に流行するウイルスとの「たたかい」は規模の大きさから「戦い」を選ぶほうが良さそうにも思えます。

しかし、用語集のその後の改訂で「たたかう」の記述にも変化が生まれました。2007年版で、

戦〔戦争・勝負・競技、競争相手と優劣を競う〕
闘〔闘争・格闘。利害・主張の対立で争う。困難などに打ち勝とうと努める〕

と、説明をより詳しくし、その後の改訂でも引き継いでいます。ウイルスとの「戦争」と考えれば「戦い」になりますが、ウイルス禍という困難に打ち勝つ「たたかい」と考えれば、「闘い」でも差し支えなさそうです。

字義の差は小さい「戦」と「闘」

「たたかう」は「『たたく』を再活用した形で、うちあうこと、武器を執って戦うことをいう」（白川静『字訓』平凡社、２００５年）とされます。一方、漢字の「戦」は左側が盾の形、右側が戈《ほこ》の形。「左に盾を擁し、右に戈を執って戦うことを戦という」（同）。日本語の意味と字義がよく合っています。

一方、「闘」は新字体では「もんがまえ」に見えますが、元は「鬪」（その正字は鬭）と書く「たたかいがまえ」の文字です。「鬥」は「二人が手をあげて相手の髪をつかみ合って格闘する形」

（同）で、「鬪」はそれに武器を加えて「盾と斧《おの》を以て戦う意である」（同）とのこと。要するに、漢字はいずれも武器でたたき合うことを意味するので字義の上からは「戦う」も「闘う」も同じように使えると言えます。

たたかっている〝状態〟に注目なら「闘」

円満字二郎さんも『漢字の使い分けときあかし辞典』で、「『戦闘』という熟語があるように、この二つは意味がよく似ていて、どちらを使っても、表す内容としてはたいした違いがないことが多い」と言います。ただし、そのうえで「ニュアンスにはかなりの差があり、文脈によっては、どちらかでないと落ち着かないこともある」とも。

どう違うか。「《戦》は、〝勝ち負けや優劣を決める〟という意味合いが強く、争った〝結果〟がどうなったかに関心がある。一方、《闘》は（中略）どのように争っているのかという〝状態〟に対する意識が強い」と言います。たとえば「『たたかう』相手が目には見えない〝苦しさ〟である場合は、基本的に〝状態〟を問題にしているので、《闘》を書く方が落ち着く」など。ウイルスとの「たたかい」も具体的に殴り合ったりするものではなく、見えない相手にこちら側が一方的に頑張るべきものですから、「闘」のほうがなじむと感じる人が多いのかもしれません。

どちらも可だが、おすすめは「闘」

もちろん、ウイルスとの「戦い」という表記も全く間違ったものではありません。「戦争」と考え、戦略を駆使して打倒するというならば「戦い」がなじむ場面も大いにあり得ます。ただし、今回のアンケートの結果を踏まえると、一般的には「闘い」を使うほうが、ウイルス相手の「たたかい」ではすんなり読んでもらえると考えられます。

3 「人流」の語、やはり抑制すべきでは

質問

首相や知事が「人流《じんりゅう》」という言葉を使っていますが……。

回答

「人の流れ」の意味で不自然ではない……9・0％

書き言葉では使えるが、話し言葉では避けるべきだ……11・3％

なじみのない言葉であり「人の流れ」とすればよい……79・7％

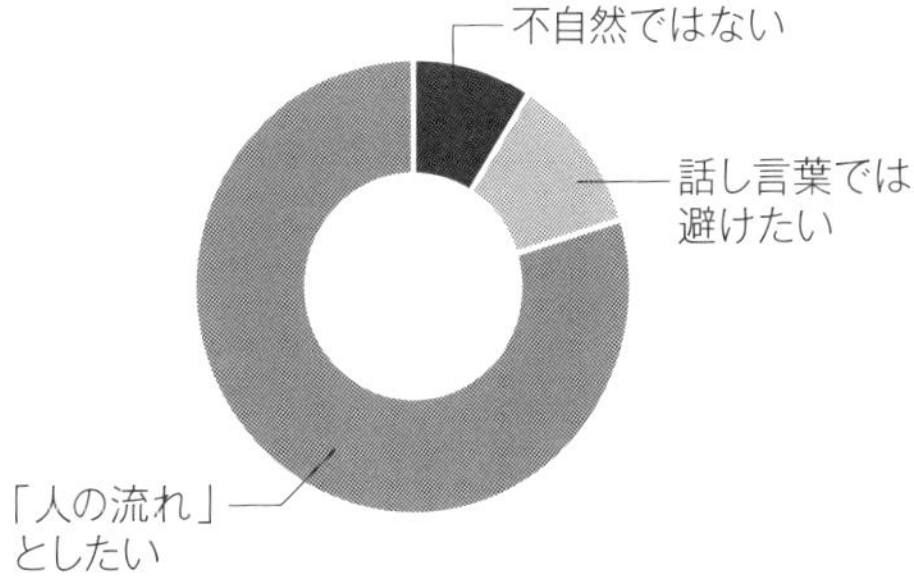

（2021／5／21掲載）

た。

解説

平野啓一郎さんもツイッターで「違和感」

「なじみのない言葉であり『人の流れ』とすればよい」という回答が8割と圧倒的になりました。

菅義偉首相（当時）が緊急事態宣言発令に関する記者会見の冒頭で「大都市における人流や都市間の移動を抑え、人と人の接触を減らすために、これまで以上に踏み込んだ対策を実施します」と述べたのは2021年4月23日。菅首相が「人流」という言葉を発したのはこれが初めてではありませんが、国民の生活に直結する新たな方針を説明する冒頭発言でこの言葉を使ったのは初めてのようです。

符節を合わせたように、この前後から東京と大阪の知事も「人流」の語を使う場面が目立ってきました。これに4月25日のツイートで違和感を示したのが作家、平野啓一郎さんです。

「人流（じんりゅう）」っていう新語の響きはまた、何とも言えない違和感だな。政治的に、コントロールすべきもの、という意味で専ら使用されている新語だから、というのもあろう。

今回のアンケートに対する書き込みでも、例えば「身内にしか通じない用語を市民に向けてそのまま使用するのってある種の傲慢というか、伝えるのにふさわしい態度と思えない」というツイートがありました。

一方、「人流」は「月光」と同じく漢字熟語のありふれた構造で別に違和感はないという趣旨のツイートもありました。造語として問題ないとの意見でしょう。

昭和の白書にも使われていたが…

「人流」は漢学者、諸橋轍次の大漢和辞典に載っていますが、意味は「人の流れ」ではなく「普通の人」とあります。他の漢和辞典を見ても今ひとつはっきりしませんが、「流」に「普通の」の意味合いを持たせる使い方はあったようです。ただし、その使い方は、今は死語といえます。「人の流れ」という意味で載せる国語辞典は今のところ見当たりません。「人の流れ」の意味での「人流」は最近突然出てきたように思えますが、新型コロナウイルス感染拡大以前から一部で出ていた用語です。さかのぼると、運輸省(現国土交通省)の1988年度運輸白書に使用例が見つかりました。「東京都心部への人流の一極集中に伴う混雑の問題」などとあります。昭和時代から使われていたとは意外ですが、官庁などの狭い範囲で用いられるにとどまっていました。

２０１７年の国土交通省の会議（社会資本整備審議会道路分科会第63回基本政策部会）では、「国土交通省では一般的に『人流』という言い方をしているのだろうか」という趣旨の外部委員の疑問があり、公に文書を出す際は「人流・物流」を「人と物の流れ」、「人流・物流拠点」を「交通・物流拠点」に修正したという記録が残っています。

やはり外部の目にとっては「人流」の語は異様に映ったようです。指摘されて初めてお役所言葉を改めるという、官僚の体質が表れているように思います。逆に言えば、今回は「そんな言葉は公式にはやめたほうがよいのでは」と進言する人がいなかったということでしょう。

その後

「人流」について、三省堂国語辞典8版（２０２２年）は「おおぜいの人が動く流れ」、新選国語辞典10版（２０２２年）は「人の流れ。人の動き。特に、盛り場・大規模娯楽施設・大型連休の際の交通機関による移動などの大量観測データの解析による人間の行動予測」という語釈で載せています。

4 新しい言い回し「有観客」

質問

イベントの「無観客」開催の反対語として、「有観客」という言葉を見ますが……。

回答

問題ない……9・2%

違和感はあるが、強調表現として受け入れる……25・1%

違和感はあるが、他に言葉がなく仕方がない……25・9%

「観客を入れて」「観客有りで」などとしたい……39・9%

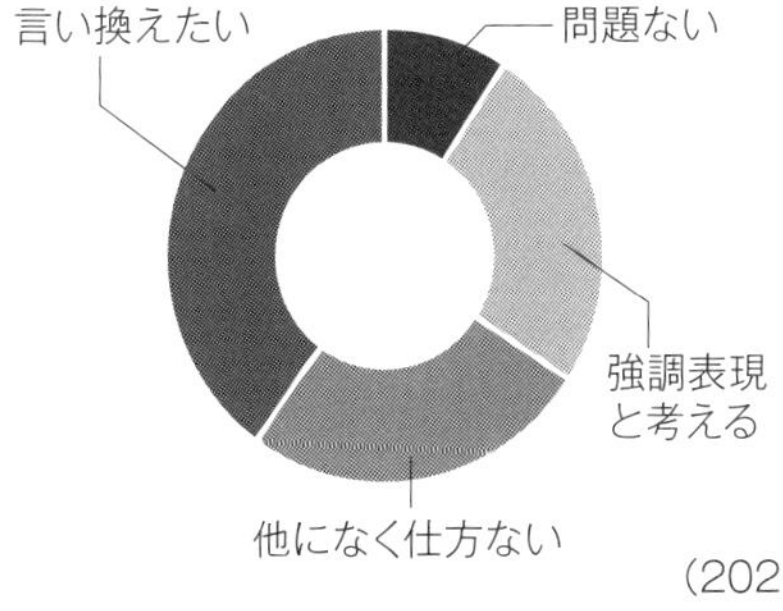

（2021/7/6掲載）

解説

はっきり「おかしい」とする人は4割

「おかしい」という人が4割。半数の人は「違和感あり」と留保しつつも、言葉として認めざるを得ないという回答でした。新型コロナウイルス禍によって、以前は目にすることのなかった言葉が現れましたが、「有観客」もそうした言葉の一つとして存在感を高めつつあるようです。

コロナ禍で初めて現れた「有観客」

毎日新聞で初めて「有観客」という言葉が使われたのは2020年6月。新型コロナの影響で無観客開催を強いられた野球独立リーグの球団が、「有観客」の状態に戻っても試合のネット配信は一部続ける――という内容の記事でした。ちなみに「無観客」のほうは、サッカーなどでチームへの懲罰として、主催試合に観客を入れることを禁じられるケースがあるため、もっと前から使われています（毎日新聞での初出は2005年）。

「無観客」は、通常なら観客を入れるはずの試合やイベントで、観客を入れずに行うからこそ使われる言葉です。そもそも観客を入れることを想定していない練習などでは「無観客練習」

とは言いません。そして反転するように「有観客」という言葉が使われるようになったのは、「無観客」で試合などが行われることが一定程度、普通のものになってしまったということです。

少ない「有＋○○」の言葉

国立国語研究所の『分類語彙表　増補改訂版』（２００4年）は、語を意味によって分類・整理したものですが、索引から掲載語を一覧できます。その中で「有」を接頭辞にして2字熟語に付けた「有○○」という形の語は、「有意義」「有視界」「有資格」の3語しかありませんでした。

「無○○」は「無教養」「無国籍」「無重力」「無関心」など豊富にあります。

「有意義」は「意義が有る」という意味で普通に使われる言葉ですが、なぜかこれだけがよく使われており、ちょっと例外的な言葉です。「有資格」は求人などの場面で使われそうな言葉。「有視界」は航空用語の「有視界飛行」に見られる言葉です。航空機の操縦は「計器飛行（航空機の姿勢、高度、位置及び針路の測定を計器にのみ依存して行う飛行＝航空法2条16項）」と、視界が有ってパイロットの判断で操縦できる「有視界飛行」とに分かれます。「視界が有る」と取り立てて言う必要がある事柄なので、「有視界」という言葉が使われるわけです。

これも時代を表す言葉か

「有観客」という言葉に違和感があったり「おかしい」と感じたりというのは、当たり前の感覚だと思います。これまで見たことのない言葉であり、似たような形を持つ語もあまりない言葉なのですから。しかし、今回のコロナ禍が私たちの普段の生活をいかに変えたか印象づける言葉としては、「密」や「黙食」などと同様、意味があるのかもしれないと感じています。

5 浸透進む新しい「リアル」

質問 オンラインイベントが目白押し。一部は「リアル」でも開催――「 」の中、どう感じますか?

回答

違和感はない……38・9%

話し言葉ではよいが、書き言葉では違和感がある……43・0%

違和感が強く、他の言葉に言い換えたい……18・1%

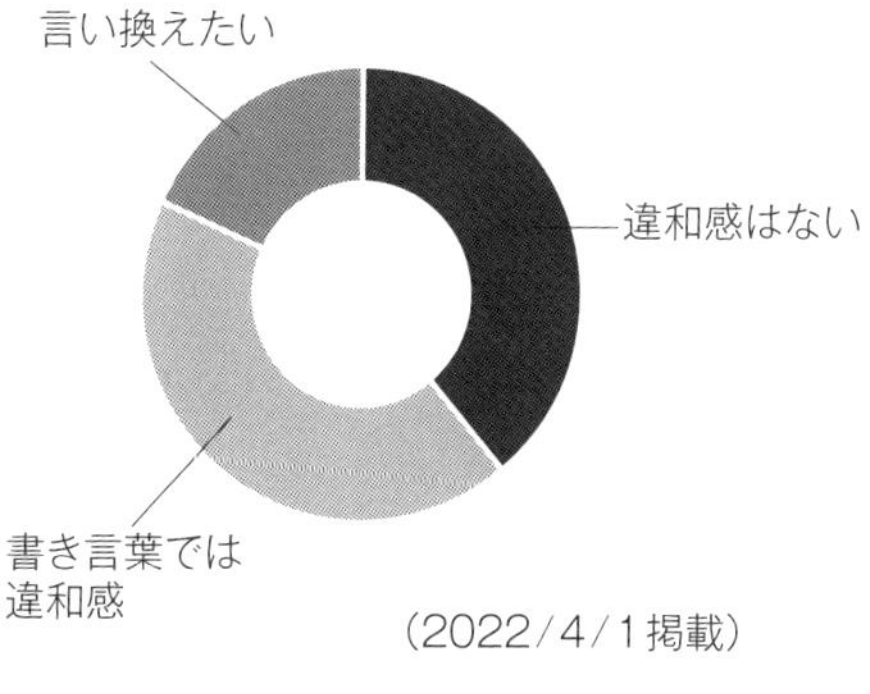

(2022/4/1掲載)

解説

口頭なら8割が許容

「オンライン」の対義語として「リアル」を用いることについて、4割の人が「違和感はない」と回答しました。「話し言葉ではよい」との回答も合わせると、8割を超える人が許容しています。21世紀になってから広まったとする辞書もある新しい用法ですが、かなり浸透していることがうかがえました。

「オンライン」「バーチャル」の両方に対応?

「リアル〔英：real〕」とは「現実のこと。また、現実的であるさま。ありのままであるさま。写実的。実際的」（日本国語大辞典2版）。多くの辞書がこの意味だけを載せています。

質問文のような使い方については、三省堂国語辞典8版が「〔仮想ではなく〕現実〈に／で〉あるようす。また、現実」という語釈を載せた上で「リアル〔＝現実の生活〕が充実している」「リアル書店」「リアルの〔＝オンラインでない、対面での〕講義」など多くの具体例を示し、「二十一世紀になって広まった用法」と解説しています。一方、三省堂現代新国語辞典6版は「〔仮想ではなく」現実にある（・である）ようす」との語釈を載せ、対義語は「バーチャル」だとしています。

「オンライン」の対義語として「リアル」を用いることに違和感があるとすれば、「リアル」と対になる「バーチャル」とのギャップに由来するのかもしれません。インターネット上に存在するものは、会社や学校など身の回りの日常生活とは違う世界ですが、大抵の場合は現実に存在しないものではありません。

しかし「オンライン」ではないもののことを「リアル」と表現すると、まるで「オンライン＝リアルではない＝バーチャル」であるような印象を与えます。「オンライン」であっても端末の向こうには生身の人間がいて、仮想ではなく現実（リアル）の人間関係があることには変わりないのだから、その対比はおかしいのでは、という違和感には理由があると感じます。

コロナ禍も浸透に影響か

アンケートでは「違和感はない」と「話し言葉ではよいが、書き言葉だと違和感がある」とに選択肢を分けて用意しましたが、4割もの人が「違和感はない」を選ぶという結果はやや意外でした。口語的な印象が強く、新聞記事で使われていたら違和感があるのではないかと考えていましたが、思った以上に受け入れられていることが分かり、新鮮な発見でした。新型コロナウイルスの影響で、これまでは当たり前に対面で実施されていたイベントや講義がオンラインで行われる機会が飛躍的に増えたことも関係しているかもしれません。

毎日新聞では「リアル店舗」は２０００年、「リアル書店」は２００６年に初めて紙面に登場しました。いずれも「インターネットで買い物ができるオンラインショップ」と対比する文脈です。「リアルの講義」「リア友」などの表現についても、わざわざ「リアルの」と付け加える場合には、対となる「リアルではない」ものがいつも想定されています。

それまで単に「書店」や「講義」だったものが、オンライン書店やオンライン講義の登場と普及によって区別して呼ばれる必要が生じ、「リアル」という表現がその需要にフィットしたようです。実物を手に取って確かめることができる店、目の前にあって接触でき、声や温度を感じられる人や物……「リアル」はその物理的で、生身のイメージを伝えやすい言葉として、一定の市民権を得ていることがアンケートの結果からもうかがえました。

再定義される言葉たち

当たり前が変われば言葉も変化します。インターネットでできることが増えるのと同時に、感染症の流行がこのまま続いて日常生活の大部分がオンラインになったなら、単に「講義」と言った時の通常の意味が「オンライン講義」になるような逆転も起きるかもしれません。対になる概念や比較対象の出現によって、既存のものには新たな名前が与えられ、再定義されます。言葉が相対的なものであることを、改めて実感させられます。

新しい「リアル」に対し、背景にある社会の変化を意識しながら、当面は口語的になりすぎないような言い換えも提案していく、状況に応じた言い換えのレパートリーを増やしておく――という姿勢が校閲としては「現実的」でしょうか。バランスが難しいのですが、アンケートの結果もヒントになってくれそうです。

6 違和感強い「病床があふれる」

質問

新型ウイルスの流行で「病床があふれる」――この使い方、どうですか？

回答

特に違和感はない……10・1％
多少違和感はあるが、許容範囲……26・1％
違和感がある。言い換えたい……63・7％

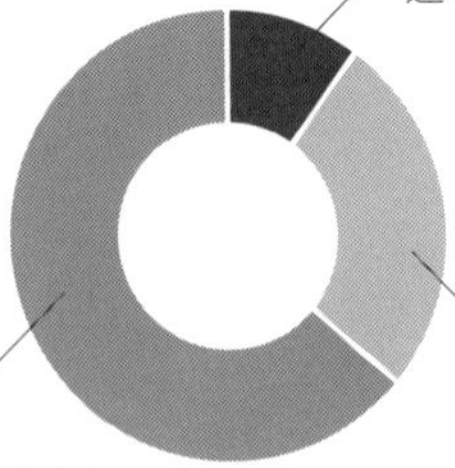

（2021/12/24掲載）

解説

回答の9割が「違和感あり」

「違和感がある。言い換えたい」を選んだ人が3分の2近くに上りました。「多少違和感はあるが、許容範囲」と合わせると、9割が違和感を持ったということになります。言わんとすることは分かるけれども、ベッドが外へとあふれてくるような表現に感じられてひっかかったという人も多いのではないでしょうか。

あふれるのは「人」のはずだが…

「あふれる」は漢字で書くと「溢れる」となり、「溢」は「水が器にみちて、外にこぼれでる。水が堤の外にあふれ出る」(学研漢和大字典)という意味を持ちます。部首がさんずいであることからも分かるように、元々は水が器からあふれ出すさまを示した漢字です。

新型コロナウイルスの流行期には感染爆発が起こり、医療体制は逼迫《ひっぱく》した状況に追い込まれました。感染者が急増し、本来であれば入院が必要な人(=患者)を病床に収容できないケースも多数発生しました。そんな緊急事態を「病床があふれる」と表現したのでしょう。

とはいえ、この場合の〝器〟は病床であり、そこからあふれてしまうのは患者です。「あふれる」主体は患者なので、「（病床から）患者があふれる」とするのが正確でしょう。あるいは病床を主語にするなら「病床が足りなくなる」などと書いてもよいわけです。

「あふれる＝いっぱいになる」という意味も

一方、「あふれる」は岩波国語辞典8版に「いっぱいになって、こぼれる。こぼれるほどたくさんはいっている」と書かれているように、「たくさんはいっている」ことも表します。「あふれ返る」「満ちあふれる」などの「あふれる」はこの意味で使われており、実際にあふれ出すかどうかよりも、あふれ出しそうなほどいっぱいに満ちていることに力点が置かれています。「病床が外にあふれ出す」ではなく、「病床があふれ返る＝病床が患者でいっぱいになる」と考えれば、さほど違和感はありません。

さらに言えば、「病床」が「患者が療養しているベッド」の意味で使われることもあります。例えば「確保病床数」の「病床」は、病院が設置しているベッドのことですが、「病床を回って診察する」のような言い方では、「病床」は一種の比喩として、入院している患者たちのことを指します。このような視点から捉えても「病床があふれる」を「患者が療養しているベッドがいっぱいになる」と解釈することは可能です。

自然な流れを心がけたい

以上を踏まえると、「病床があふれる」という言い回しは必ずしも誤りだとは言えないでしょう。しかし、ぱっと見ただけだと違和感を持たれかねない表現ゆえ、「患者があふれる」「病床があふれ返る」などとしたほうが書き手の意図がはっきり伝わり、自然な流れになると思います。

7 「買い占め」とも「買いだめ」とも言い切れず

質問

品薄不安で人々が店に殺到、我先にと生活必需品を買い込む——どう表現しますか？

回答

買い占め……42・4％
買いだめ……29・7％
どちらも当てはまらない……27・8％

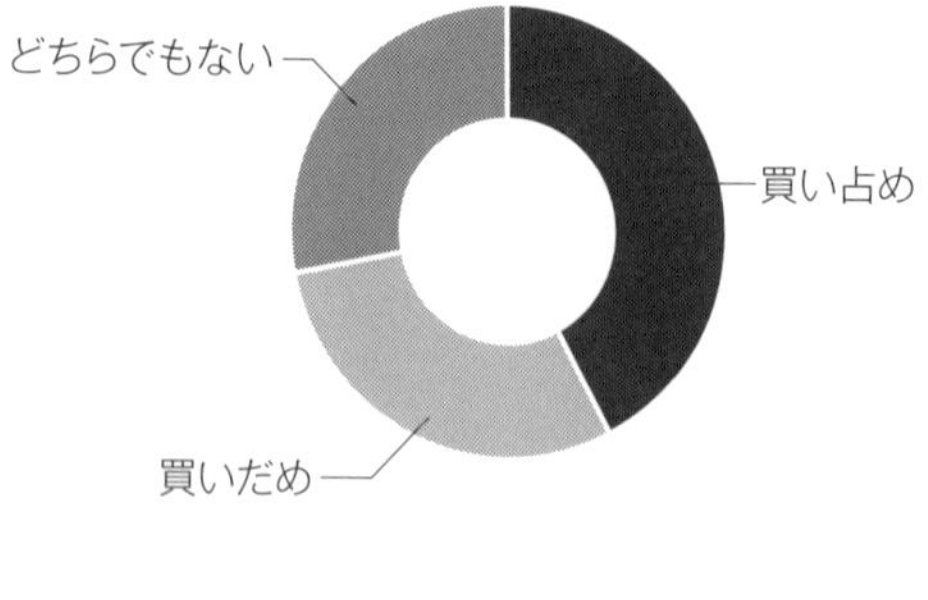

（2022/8/4掲載）

解説

「ひとり占め」でなくても「買い占め」？

「買い占め」は「必要以上に買い集めて利益をはかること。買い取ってひとり占めにすること」（岩波国語辞典8版）。それなのに、地震直後にスーパーなどから水や食料がなくなる現象を「買い占め」と表現している原稿を読んで「これは買い占めなのだろうか」と思ったことがアンケートのきっかけでした。

日本新聞協会の用語懇談会で各社に意見を聞いてみたところ、「本来の意味から多少ずれるかもしれない『買い占め』を使うことで、品薄状態や焦燥感を表現する」「とにかく我先に、手に入れられるだけ手に入れようとする行動態様を強調する際には『買い占め』を許容してもいいのでは」という意見がありました。

また「買いだめ」には計画性がともなう面もあり冷静な行動に見えて「『人々があちこちの店に走って買い回る』という意味合いが出てこない」ため、ぴったりの言い換えだとは言いにくいという指摘もありました。実際に人々が取っている行動としては「買いだめ」のほうが近いのですが、状況を描写するのにはふさわしくないと感じられるようです。

「買い占め」がにじませる批判

もう一点、重要だと感じたのは「『買い占め』という言葉にはやや悪いイメージがある」「『買いだめ』では批判的な意味が含まれているのか分かりにくくなる」という意見。確かに辞書の説明に「利益をはかる」「ひとり占め」とあるように、「買い占め」は自分勝手な印象のある言葉です。

実際にお店で自分より先に並んでいた人が大量に買い込み品切れになってしまった場合に怒りを表すなら、「買いだめされた」よりも「買い占められた」と言いそうです。

文脈に応じて使い分けたい

以上のことから考えると、文脈に応じて、また何を描写したいのかに応じて、表現を選ぶのがよさそうです。

単に「多めに買っておこう」という個人の行動に焦点を当てているのであれば「買いだめ」でよいでしょう。しかしそれが多くの人の行動になった一種のパニック状態を表現するのであれば「買い占め」のほうがしっくりきます。

さらに個人の行為についても、値上がりしたところでの転売をもくろんでいる場合や、あまりに非合理的な分量を買い込んでいる場合、批判的に「買い占め」と表現してよいでしょう。

ちなみに東京都が２０２２年5月に発表した、首都直下地震が起きた際に予想されるシナリオでは、「過剰な購買や買い占めにより生活必需品の品薄状態」が予想されるとのこと。客観的に見た表現としてはこの「過剰な購買」も使えるかもしれません。

8 「コロナ後」は「収束後」が大勢

質問
コロナ後の授業のあり方を考える——この「コロナ後」は、ぱっと見てどんな意味にとれますか？

回答
新型コロナウイルス感染拡大が始まった後……30・1％
新型コロナウイルス感染拡大が収束した後……69・9％

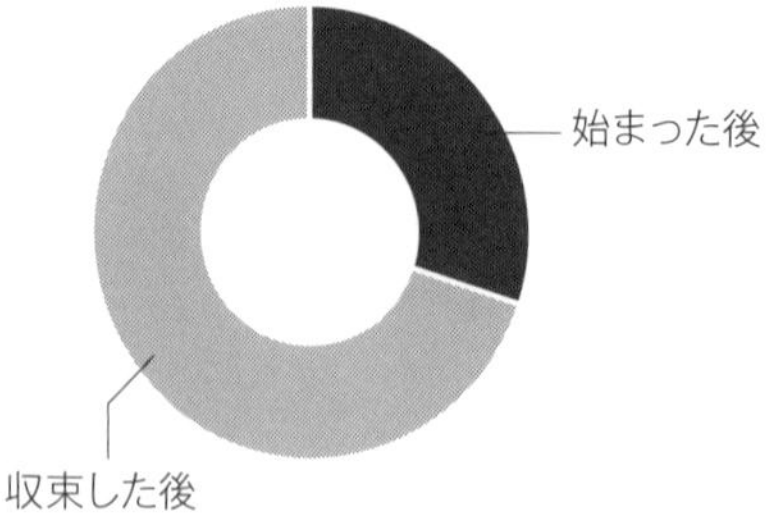

（2022/9/1掲載）

解説

「収束した後」が7割占める

「収束した後」と捉えた人が7割を占めました。ただ「感染拡大が始まった後」の意味で捉える人も一定数おり、どちらともとれる文脈での使用には注意が必要とも言えそうです。

幅のある期間の「後」とは

「コロナ後」は「コロナ後、客は1次会で帰宅することがほとんど」のように「新型コロナウイルス感染拡大が始まった後」という意味と、「コロナ後の観光需要を見据えてホテルを続々と開業させる」などのように「新型コロナウイルス感染拡大が収束した後」といった意味の2通りで使われています。

「○○後」は「ある事柄よりもあとの日にち、時間」といった意味で、亡くなった後で「死後」、航空機などが陸地を離れた後で「離陸後」などのように使います。

「亡くなる」「陸地を離れる」といった行為・状態はいわば「点」で表せるものであり、「後」の目安となる時点が分かりやすいと思います。一方、今回取り上げた「コロナ」のように概念的な言葉で、それが指す事態の起点と終点の間に幅がある場合は、どの時点の「後」なのかを判断するのが難しいように感じます。

「闘病後」は寛解後？

以前も「闘病後」という言葉の使い方で議論になったことがありました。「闘病後初めて」の形で登場したのですが、初校をした時は調べた事実関係に基づき「闘病生活に入ってから初めて」の意で違和感なく読みました。すると、再校を担当するデスクから「闘病後といったら『闘病生活を終えた後』と捉えるのが自然では？」との指摘がありました。「闘病」は「点」というより「線」で表せるような継続的行為であり、このような場合もどの時点の「後」ととるかについては判断が分かれるようです。

具体的に書く必要あり

アンケートの結果は、予想より「感染拡大後」の意味を選んだ人が多いと感じました。どちらの意味にも使えるものの、文脈で判断できない場合は「感染拡大後」「収束後」ときちんと書き分けたほうがよさそうです。

「副作用」と「副反応」

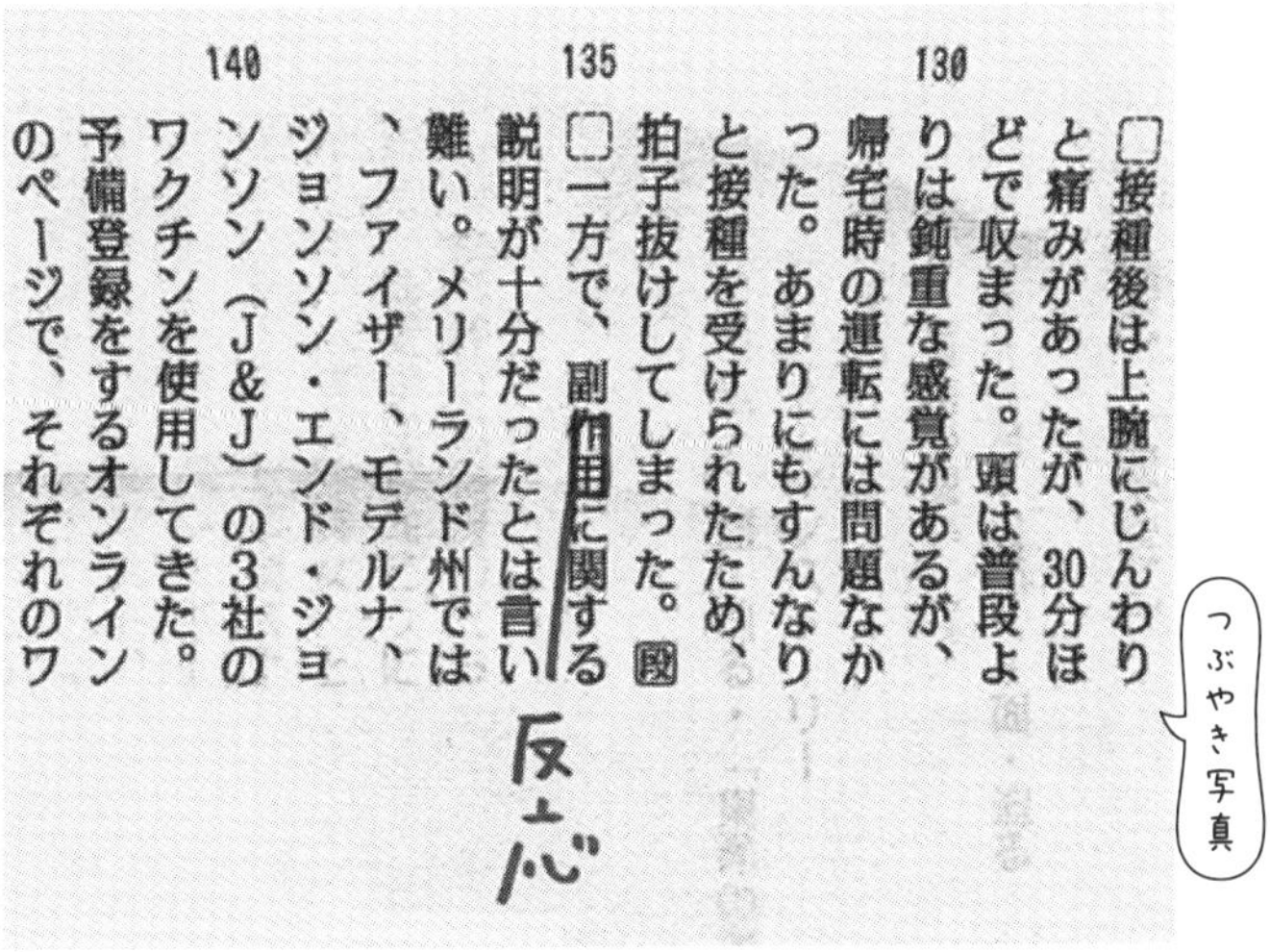
□接種後は上腕にじんわりと痛みがあったが、30分ほどで収まった。頭は普段よりは鈍重な感覚があるが、帰宅時の運転には問題なかった。あまりにもすんなりと接種を受けられたため、拍子抜けしてしまった。圀
□一方で、副作用に関する説明が十分だったとは言い難い。メリーランド州では、ファイザー、モデルナ、ジョンソン・エンド・ジョンソン（J&J）の3社のワクチンを使用してきた。予備登録をするオンラインのページで、それぞれのワ

「副作用」は「薬やワクチンを使ったときに起こる、目的にあわない悪い作用」で、「ワクチンの場合、正式には『副反応』と言う」（三省堂国語辞典8版）。副反応は新型コロナウイルスの流行以前はあまりなじみのない言葉でしたが、最近はかなり一般的になったように思います。

毎日新聞では「副反応（副作用）」と読者の理解を助けるためにかっこで補って書かれたこともありましたが、もう必要なさそうですね。

厚生労働省のサイトで

「新型インフルエンザ予防接種後副反応報告について」というページを見ると、『副反応』とは、ワクチン接種により免疫をつけることに伴って発生する、免疫の付与以外の反応です。通常の医薬品で言う『副作用』と同様の意味です」と説明されています。

　デジタル大辞泉も「治療薬による投与目的以外の作用は通常副作用とよぶが、ワクチンは生体の免疫反応を期待して接種するものであり、特に副反応という」としていますが、英語ではどちらも「side effect」と言われるのが普通なので、「副作用」「副反応」は日本語での使い分けといえます。

　ところで、副反応という言葉をよく見かけるようになって、今度は原稿で薬の副作用まで「副反応」と書かれてしまうことがありました。薬のほうは変わらず「副作用」で大丈夫です。

おわりに

「やわらかい」肉、イチゴの「かたさ」、漢字を使うならどう書くのか……。そんな迷いを形にした「ことばの質問」は、サイト「毎日ことば」（現「毎日ことばｐｌｕｓ」）で２０１８年１月にスタートしました。初回は、年明けらしく「２０１８年が明けた」という表現についてどう感じるかを問うものでした（結果は約8割が「変だと思う」。残りは「変だと思わない」。一般に「明ける」は旧年について使う）。以来週に１、２回のペースで5年半あまり、５００回を超えて現在も継続中です。

校閲記者は、言葉に関わることを職業にしているという意味では言葉の「プロ」だとも言えますが、言葉に関する知識や感性において、必ずしも一般の人と比べて特別な素養があるわけではありません。現場の作業では、文章を直すか直さないか、直すならどう直すか、パッと答えを導き出せるわけではなく、ああでもないこうでもないと迷いながら仕事をしています。

そうした迷いを質問にして回答してもらえば、それを根拠に迷いも減るのではないかという思惑もあって始めた「ことばの質問」でした。もちろん、回答してくれる方にも、答えを選んだり解説を読んだりすることを通じて、言葉の使い方に関するヒントを得てもらえるならばという意図もあります。今回、改めてまとめられたこの本が、読者の皆さんの日常的な言語使用に役立つなら、それに勝る喜びはありません。

執筆者は採録数の多い順に、大竹史也、林弦、岩佐義樹、佐原慶、斎藤美紅、加藤史織、塩川まりこ、大木達也の各校閲記者です。1人は退社しましたが、皆、サイト記事は無償で、日々の勤務の合間を縫って頭を悩ませながら書いたものです。平山泉がまとめました。2017年に『校閲記者の目　あらゆるミスを見逃さないプロの技術』を一緒に送り出した毎日新聞出版の峯晴子さんの「第2弾を」という働きかけでこの本はできました。職場事情に寄り添って粘り強く伴走してくださり、感謝しています。

私たちは2023年、これまでの発信に加えて、外部筆者らの寄稿を掲載したり、動画「校閲力講座」をリリースしたり、イベントを開催したりと、新たな取り組みを始めました。これからの校閲記者たちの活動にもご期待ください。

2023年8月

毎日新聞校閲センター

毎日新聞校閲センター

毎日新聞東京本社に東京グループ、大阪本社に大阪グループがあり、計80人余りが在籍している。紙面やサイトの記事について、字句だけでなく事実関係も調べて誤りを正す仕事が校閲。日々の校閲作業の傍ら、2011年にツイッターアカウントを、2012年にはサイト「毎日ことば」を開設し、使い方に悩む言葉など、校閲記者の視点で発信する。サイトは 2023年1月に「毎日ことばplus」としてリニューアル。会員向けに有名校正者や辞書編集者らの寄稿を載せたりイベントを開催したりし、自ら制作した動画「校閲力講座」入門編をリリースするなど新たな取り組みを始めた。著書に『新聞に見る日本語の大疑問』(東京書籍)、『読めば読むほど』(同)、『校閲記者の目　あらゆるミスを見逃さないプロの技術』(毎日新聞出版)、『校閲至極』(同)。

ブックデザイン――宮坂佳枝
編集協力――阿部えり
DTP――センターメディア

校閲記者《こうえつきしゃ》も迷《まよ》う日本語表現《にほんごひょうげん》

印　刷　2023年9月5日
発　行　2023年9月20日

著　者　毎日新聞校閲《まいにちしんぶんこうえつ》センター
発行人　小島明日奈
発行所　毎日新聞出版
〒102-0074 東京都千代田区九段南 1-6-17 千代田会館5階
営業本部：03-6265-6941　図書編集部：03-6265-6745

印刷・製本　中央精版印刷

ISBN978-4-620-32790-7　JASRAC 出 2306322-301